Les éditions Guérin sont une société du groupe Paulsen Media.
www.editionsguerin.com

Charlie Buffet

Babel 4810

LA MONDIALISATION DU MONT BLANC

éditions Guérin
CHAMONIX

Prologue

Mon premier souvenir du mont Blanc pique les yeux. Il est sombre et sent le pot d'échappement. J'habitais Milan et la 404 familiale traversait le tunnel de 11,6 kilomètres avant la rentrée des classes. Ma mémoire n'a conservé aucune image de l'approche de la montagne, mais je ressens encore l'excitation qui naissait à Aoste, au premier panneau *« Traforo del Monte Bianco »*. Elle franchissait un cran à l'entrée du tunnel, magie de se faufiler sous une telle masse, et montait par degrés à chaque borne kilométrique qui nous rapprochait du milieu du tunnel. Je m'étais persuadé qu'à l'instant où la chaussée commence à descendre, nous serions à la fois sur la ligne frontière entre la France et l'Italie et à l'aplomb exact du sommet. Je voyais un boyau rempli de brouillard brunâtre, mais je volais dans un espace de lumière et de glaces, un monde inaccessible et mystérieux dont je ne connaissais rien.

Une dizaine d'années plus tard, j'ai gravi le mont Blanc pour la première fois ; puis, petit à petit, par tous ses versants. J'ai noué un lien physique avec cette montagne. J'aime sentir l'altitude cogner mon corps, j'aime sentir sa masse de glace bleue et de protogine qui bronze au soleil. J'aime la longueur des journées au mont Blanc, l'épaisseur de temps qui sépare le froid de la nuit et le soleil plombant de midi sur une neige ramollie. J'aime ces batailles avec des choses simples et primaires, la gravité, la fatigue, le souffle, le froid, et j'oublie vite les ennemis plus insidieux de l'altitude qui, chez moi, s'annoncent toujours par une solide migraine. Je me laisse étouffer dans les bras de cette grosse matrone possessive. C'est, avec les angoisses de veilles de course, le prix à payer pour aller me promener par mes propres moyens dans les hautes couches de l'atmosphère.

Je crois que mon attirance pour cette montagne blanche et lumineuse est d'autant plus forte qu'elle me sauve d'un univers claustrophobique et puant la ville.

*

En août 2011, j'ai accompagné Lionel Daudet au point de départ de son tour de France. L'alpiniste voyageur avait imaginé de longer pas à pas la frontière de l'Hexagone depuis son point le plus haut, 4 810 mètres, un périple d'au moins une année dont je suivrais les temps forts pour les besoins d'un film. Nous avons passé le tunnel, laissé la voiture dans le val Vény et remonté le glacier de Miage, invisible sous sa carapace de pierres. Après deux heures de sommeil au très beau refuge Gonella, nous avons démarré à minuit et marché toute la nuit. Le ciel verdissait à l'orient quand nous avons rejoint la file de frontales au dôme du Goûter.

Lionel Daudet aime grimper sur des montagnes où il peut passer un mois sans rencontrer personne, au Groenland, en Antarctique ou aux Kerguelen… Ses pas l'avaient toujours conduit vers les grandes faces raides et les vallées perdues. Ce matin-là, « Dod » faisait le mont Blanc pour la première fois. Il n'était pas le dernier à s'enthousiasmer pour la beauté du lever de soleil sur l'arête des Bosses.

Au sommet, j'ai sorti la caméra pour interviewer ceux qui arrivaient essoufflés. Puisque Daudet plaçait ici le départ de son périple sur la frontière française, je voulais savoir ce que les visiteurs du jour pensaient d'une mesquinerie cartographique qui la repousse de quelques dizaines de mètres pour faire de la cime un lieu purement français. À qui appartient le mont Blanc ? Les ascensionnistes étaient ce matin-là du Japon et de toute l'Europe : République tchèque, Espagne, Italie, Allemagne... Ceux qui comprenaient ma question répondaient sans hésiter : à tout le monde ! À personne. À la France et à l'Italie. À l'humanité, *mankind* ! Un client arrivé avec son guide a eu l'air de répondre à une question du jeu des mille euros : à Saint-Gervais !

Deux étés plus tard, alors qu'un nouveau refuge de forme futuriste ouvrait ses portes sur la voie normale, un élu local est parti en croisade contre la « surfréquentation » du mont Blanc. À l'entendre, tous les maux du toit de l'Europe venaient de l'afflux incontrôlé d'étrangers se précipitant « en tongs » vers le sommet comme dans les flots à Palavas.

J'ai eu envie de rembobiner le film pour comprendre comment le mont Blanc était devenu cette tour de Babel. Et surprise : j'ai découvert que cette « mondialisation » avait commencé dès l'instant où le mont Blanc avait été mesuré et nommé, c'est-à-dire entre la fin du XVIIe siècle et le milieu du XVIIIe – il y a trois siècles environ. Ce livre raconte ce double voyage dans le présent du mont Blanc, années 2010, et dans son passé connu.

*

Ma dernière vision du mont Blanc est lumineuse…, mais sent toujours le pot d'échappement. Je finis d'écrire ce livre pendant quelques journées d'hiver dans le chalet de Marie-Christine Guérin à Chamonix. Je sors faire quelques pas pour fêter la fin d'un chapitre, je lève les yeux vers les champs de glace pleins de soleil alors que nous sommes déjà dans l'ombre, l'odeur de diesel qui envahit toute la vallée l'hiver me saute à la gorge.

Depuis que la France a annexé le mont Blanc, elle tente d'évincer les Italiens du sommet et accueille les camions de toute l'Europe. Et si on faisait l'inverse ?

Chapitre 1

Le touriste zéro

Chamonix-Mont-Blanc affiche sa légende fondatrice, gravée sur un grand bloc de granit arrondi, rive gauche de la mer de Glace. À 1 900 mètres d'altitude, près de la gare supérieure du Montenvers qui a peut-être vu passer une centaine de millions de touristes en deux siècles et demi, deux noms sont inscrits pour un bon moment devant l'un des panoramas glaciaires les plus saisissants des Alpes : « Pocock et Windham ». La « pierre aux Anglais » a été classée site pittoresque en 1935.

Cette pierre est le socle d'une légende qu'on a chantée pendant plus d'un siècle avec des frissons romantiques : au deuxième jour de l'été 1741, deux voyageurs anglais armés jusqu'aux dents, ayant bravé bien des dangers, arrivèrent en vue de la *glacière* mystérieuse, suivant les pas des indigènes. William Windham et Richard Pococke étaient leurs noms, le second abrégé de son « e » par le graveur du Montenvers.

Regardons-les franchir l'Arve sur un pont de bois et s'élever au-dessus de Chamonix en suivant le futur tracé du train à crémaillère. C'est le 22 juin, début d'après-midi, ils ont engagé plusieurs paysans, « les uns pour nous servir de guides et les autres pour porter du vin et quelques provisions ». Il fait très chaud, ils traversent des débris d'avalanches qui ont fait des dégâts « affreux », la neige molle « s'écroule » sous leurs pas. « La rapidité de la pente, jointe à la hauteur où nous étions, faisait un spectacle affreux et capable de faire tourner la tête à la plupart des gens. » Enfin, peu avant cinq heures du soir, après une montée « très pénible », ils arrivent sur l'épaule d'où l'on domine la langue terminale d'un très grand glacier. Mais comme ces mots n'existent pas encore, Windham écrit : « Nous jouîmes de la vue des objets les plus extraordinaires ». Il est sidéré : « J'avoue que je suis embarrassé pour vous en donner une idée juste, ne connaissant de tout ce que j'ai encore vu, rien qui ait le moindre rapport. La description que donnent les voyageurs des mers du Groenland me paraît s'en approcher le mieux. Il faut s'imaginer le lac agité d'une grosse bise et gelé tout d'un coup ; encore ne sais-je pas bien si cela ferait le même effet. »

Après avoir marqué une pause sur la (future) pierre aux Anglais, les pionniers descendent la raide moraine, « moitié en tombant, moitié en glissant sur nos pieds et nos mains ».

Ils se promènent pendant une demi-heure sur la glace « raboteuse », au milieu des (futures) crevasses. « Nous y trouvâmes une quantité de fentes infinie ; nous en pouvions enjamber quelques-unes, d'autres avaient plusieurs pieds de largeur. Ces fentes étaient si profondes que nous n'en pouvions pas même voir le fond. »

On sait aujourd'hui que la mer de Glace a connu une forte crue vers 1720. Vingt ans plus tard, on est encore dans le petit âge glaciaire, la mer de Glace est un glacier dynamique, rapide, très blanc. Elle ne ressemble pas du tout à la peau de chagrin d'aujourd'hui, endormi sous sa carapace de débris rocheux. Sa surface se trouve cent mètres plus haut qu'aujourd'hui ; et le glacier des Bois, qui la prolonge, arrive encore jusqu'au fond de la vallée.

Ayant trinqué au succès de la flotte britannique engagée contre les Espagnols en Amérique du Sud, les Anglais redescendent à Chamonix, qu'ils atteignent à la nuit.

*

Vasco de Gama a ouvert la route des Indes, Livingstone a découvert les chutes du Zambèze... Windham et Pococke sont passés à la postérité comme inventeurs de la mer de Glace. Ils sont les « touristes zéro » de Chamonix, et 1741, l'année où la vallée sort du néant en s'ouvrant à ses premiers explorateurs, la fin de sa préhistoire. À leur suite, on se bouscule pour visiter la vallée. Ses *glacières* accèdent à l'existence – le mot désigne aussi bien les glaciers qui arrivent encore tout près du village que les sommets recouverts de neiges éternelles. Chamonix était congelée dans un monde clos, elle dévoile ses trésors, d'un seul coup d'un seul.

Voilà pour l'image d'Épinal.

*

On raconte souvent que William Windham a baptisé la mer de Glace. Ce n'est pas tout à fait exact. Si la référence à la banquise du Groenland, très fréquentée à l'époque par les phoquiers et les baleiniers anglais, est présente deux fois dans son récit, les trois mots accolés ne s'y trouvent pas. « Mer de Glace » est sans doute arrivé plus tard, comme un slogan touristique (n'importe quel publicitaire vous confirmera que « lac-agité-d'une-grosse-bise-et-gelé-tout-d'un-coup » ne fonctionne pas).

Ne cherchez pas non plus l'expression anglaise dont « mer de glace » pourrait être la traduction. Windham est polyglotte, et c'est en français qu'il écrit, sans faute, à destination d'un notable genevois, sa *Relation d'un voyage aux glacières de Savoye*. Des copies de sa lettre circulent, mais c'est en anglais que le texte est publié trois ans plus tard et se diffuse très vite dans la (future) jet-set européenne.

L'étudiant Windham fait partie d'une petite colonie d'Anglais vivant à Genève le temps de « parfaire leur éducation ». Il anime un cercle de théâtre amateur, *The Common Room*, où se retrouvent plusieurs aristocrates anglais. Il a 24 ans, quand il fait son voyage à « Chamouny », il a mûri ce projet depuis un an et vient de rencontrer un compatriote de 37 ans « qui avait déjà parcouru toute l'Égypte et le Levant ». Il l'appelle « Pocock », comme sur la pierre, mais l'intéressé signera bientôt ses récits de voyage du nom de Richard Pococke.

Windham finira colonel et Pococke, évêque en Irlande. On ne sait pas lequel des deux est visé par cette remarque du directeur des archives de l'État de Genève, qui présente l'original français du texte de Windham (enfin publié en 1879) en rappelant que des plaintes furent déposées à l'encontre des jeunes Anglais « à l'occasion de dégâts commis à la chasse, de batteries et de dégâts divers ».

*

Regardons d'un peu plus près le texte de Windham. Il y a une nuance de ton qui n'apparaissait pas dans la version tronquée qui a attiré la foule à Chamonix. Windham est certes excité à l'idée de faire un voyage que personne n'a raconté avant lui, mais il semble avoir conscience de « jouer » aux explorateurs avec Pococke l'égyptophile. Sous les vantardises du gentleman, j'entends la voix d'un jeune snob curieux, mais potache. Bien sûr, il en rajoute un peu sur la pénibilité du voyage, mais il sait très bien que d'autres voyageurs sont venus avant lui, et ne prend pas vraiment au sérieux sa posture d'aventurier en terre inconnue.

« Comme tout le monde nous assurait qu'on ne trouverait aucune commodité de la vie dans ces pays, raconte Windham, nous prîmes avec nous des chevaux de bât, chargés de toutes sortes de provisions de bouche et d'une tente, qui ne laissa pas de nous être fort utile, quoique la mauvaise idée qu'on nous avait donnée du pays fût un peu outrée. »

Le départ de Genève a lieu le 19 juin 1741. « Nous partîmes au nombre de huit maîtres et cinq domestiques, tous bien armés. Nos chevaux de bât nous accompagnaient, et cela donnait tout l'air d'une caravane. » À quoi servent les armes ? À jouer dans les gorges de l'Arve, en amont de Cluses. « Nous fûmes fort amusés par le nombre d'échos et le retentissement que causaient le claquement du fouet ou les coups de pistolet que nous tirâmes chemin faisant. » Les visiteurs anglais couchent dans une auberge qu'ils trouvent plutôt pas mal pour les standards du pays. Ils sont très impressionnés par la hauteur de la cascade de l'Arpenaz, dont les eaux se vaporisent avant de toucher le sol.

Le 20 juin en fin d'après-midi, Windham et ses douze compagnons plantent leur tente dans un pré au bord de la rivière, en face de Sallanches – là où, par beau temps, le visiteur d'aujourd'hui colle son nez et son téléphone au pare-brise pour photographier les glaciers perchés du mont Blanc, qui prennent tout le ciel dans l'axe de la vallée.

C'est là qu'a lieu une scène qui a beaucoup fait pour alimenter la légende. Pendant que le dîner se prépare, Richard Pococke s'esquive dans la tente et revêt un habit arabe qu'il a emporté à l'insu de ses compagnons. William Windham voit un sultan sortir de la tente, et jure-t-il, commence par ne pas le reconnaître : « Mais aussitôt que nous vîmes qui c'était, nous mîmes sur-le-champ une sentinelle à la porte de la tente, et à tous égards nous agissions avec lui avec un respect particulier. Une scène si extraordinaire ne manqua pas de se répandre à Sallanches, où en moins de rien nous eûmes presque toute la ville pour nous voir, et leurs différentes conjectures nous amusèrent extrêmement. Cependant, quelques dames de considération étant venues, nous leur avouâmes le badinage et décampâmes. »

Mais voilà : cet humour potache disparaît de la première édition du récit de Windham, et ce sont les vieux du pays qui renvoient la blague à l'envoyeur. Ils escamotent le faux sultan et ne gardent que les sentinelles pour se moquer à leur tour des pionniers anglais. Ainsi, lorsqu'Horace-Bénédict de Saussure raconte la scène, elle a complètement changé de sens. Windham et Pococke, écrit le savant amoureux du mont Blanc, « regardaient sans doute cette vallée comme un repaire de brigands car ils y allèrent armés jusqu'aux dents, accompagnés d'un nombre de domestiques qui étaient aussi armés. Ils n'osèrent entrer dans aucune maison, ils campèrent sous des tentes qu'ils avaient apportées, et ils tinrent des feux allumés et des sentinelles en garde pendant toute la nuit. Les vieillards de *Chamouni* s'en souviennent et ils rient encore des craintes de ces voyageurs et de leurs précautions inutiles. »

*

Chamonix est un paradoxe. C'est un abîme écrasé sous son ciel de glace et de granit, une cuvette où les fumées des chalets et les particules des camions restent piégées tout l'hiver ; un bout du monde où l'on n'arrivait, jusqu'à ce que Napoléon III s'en occupe, que par un mauvais sentier muletier à la merci des éboulements ; un « trou » qu'on imaginerait peuplé de paysans arriérés, de gueux consanguins et de crétins en manque d'iode. Mais c'est aussi, depuis le temps des Romains, un lieu de passage, où l'on descendait par les cols. Charles Durier, le premier historien sérieux du mont Blanc, décrit en 1875 la pierre retrouvée un peu plus tôt au col de la Forclaz, probablement une borne frontière, qui date de 72 après Jésus-Christ, sous l'empereur Vespasien. La vallée de Chamonix était très probablement fréquentée avant : Ötzi nous susurre à l'oreille que les Alpins n'ont pas attendu les Romains pour voyager dans leurs montagnes en passant par les cols. Tout circule depuis longtemps dans les Alpes, le sel, les colporteurs, la contrebande, et bien sûr les langues. Entre Chamonix et Courmayeur, il y a le massif le plus haut des Alpes, mais on parlait jusqu'à récemment le même franco-provençal.

Les voyageurs arrivés sur les traces de Windham et Pococke découvrirent, nous dit Charles Durier, « une population qui s'était développée sans faire parler d'elle. Ils s'attendaient à la trouver fort arriérée, misérable parce qu'elle était obscure, ignorante parce qu'elle était ignorée. Leur surprise fut grande. Au lieu de montagnards à demi-sauvages, vivant dans des repaires, ils virent des hommes honnêtes, industrieux et assez bien instruits de l'état des autres contrées ».

La vie était dure dans la vallée de Chamonix, c'est justement pour ça qu'on s'en échappait facilement, surtout les hommes, l'hiver : « Jeunes, beaucoup s'expatriaient, allaient en France, en Allemagne, en Italie, louer leurs services et gagner du bien dont ils revenaient jouir dans leur pays natal ».

*

Par la baguette magique du récit, William Windham fait donc exister Chamonix et ses glaciers. Mais il reste un point aveugle : le mont Blanc, pourtant bien visible de Genève où il habite, mais qu'il ne nomme pas une seule fois. Existe-t-il seulement, ce nom ? À l'écrit, non, pas encore. Sur les cartes, on parle des monts Maudits, au pluriel. Pas du singulier mont Blanc. En mai 1669, un voyageur a écrit de Chamonix à une femme qui le désespère en restant de glace. C'est peut-être la plus ancienne description écrite du mont Blanc, et elle n'est pas flatteuse. L'amoureux éconduit envisage de profiter de la présence des précipices pour s'y jeter, mais « le plaisir de voir votre portrait en ce pays affreux m'a toujours retenu quand j'ai pensé tenir ma promesse. Enfin, Madame, je vois ici cinq montagnes qui vous ressemblent comme si c'était vous-même... Cinq montagnes, Madame, qui sont de glace toute pure depuis la tête jusqu'aux pieds, mais d'une glace qu'on peut appeler perpétuelle. » Bref, si l'on voit le mont Blanc, c'est pour le comparer à une femme trop froide. Affreux !

*

En 1742, le mont Blanc est nommé pour la première fois dans un texte écrit. L'auteur, Pierre

Martel, est un fabricant d'instruments scientifiques de Lausanne à qui l'excursion des Anglais a donné des idées. Il écrit à Windham : « Depuis votre départ pour l'Angleterre, j'ai eu l'occasion d'aller aux *glacières* de Chamouny avec quatre amis dont la curiosité avait été éveillée par la lecture de votre lettre, qui a plu à tous les gens de goût ».

Martel et ses compagnons partent en août, comme Windham le conseillait, pour avoir moins de neige et espérer voir des chamois et des cristaux. Ils suivent le même chemin que les Anglais, prennent comme eux « beaucoup de plaisir » à tirer des coups de pistolet (et lancer des grenades !) pour entendre l'écho dans les gorges de Cluses. Mais Martel a un programme scientifique, il prend des mesures de température et de pression plusieurs fois par jour. Et il ne fait pas de blagues aux autochtones. À Sallanches, là où Pococke s'était déguisé en sultan, il observe que l'endroit est civilisé. C'est « la plaine des Droits, parce que chacun des habitants en a sa portion ».

Comme les Anglais, les Suisses montent au Montenvers. Martel passe trois heures à décrire, cartographier. Il n'a pas assez de recul pour se servir de sa chambre obscure, mais il dessine, prend des notes et des relevés pour sa carte. « J'étais aidé dans cette opération par mon guide, un homme très intelligent qui, non seulement connaissait le pays, mais encore avait pris part aux travaux du dernier cadastre que le roi de Sardaigne avait fait établir en Savoie. » Les pointes « fort hautes » qui l'entourent sont toutes « absolument inaccessibles », en particulier le Dru qui « ressemble à un obélisque dont la cime se perd au-dessus des nues ». Mais il y en a une qui domine : « Cette pointe du mont Blanc qui passe pour la plus haute des *glacières* et peut-être des Alpes ». Et il ajoute aussitôt : « Plusieurs personnes du pays qui ont voyagé nous ont assuré l'avoir vue depuis Langres et d'autres depuis Dijon ». Écrasé par la perspective quand on se trouve à son pied, le mont Blanc est une magnifique pyramide quand le temps permet de le voir de loin.

Redescendu à Chamonix, Pierre Martel mesure le plus haut sommet des Alpes avec l'un de ses instruments, un demi-cercle. Il l'estime à 11 008 pieds au-dessus de Chamonix, soit environ 4 495 mètres, ce qui est quand même assez précis. Peu après ce voyage, il part s'installer à Londres. Il traduit en anglais le texte de Windham et le sien, *Voyage aux glacières du Faucigny*, et les fait publier. Le mont Blanc est enfin nommé, mesuré, identifié comme le probable plus haut sommet des Alpes. Son nom est imprimé, et diffusé en grand nombre.

William Windham et Pierre Martel, les inventeurs du mont Blanc, sont morts la même année, en 1761. Le premier a succombé à la tuberculose, juste après avoir publié un manuel militaire qui inspirera les révolutionnaires américains. Le second est mort des fièvres en Jamaïque, où il venait de s'installer. Chaque détail de cette histoire l'inscrit dans la circulation des hommes dans le monde : le faux sultan arabe, la banquise du Groenland, le toast à un amiral bataillant dans les Caraïbes, l'aristocrate anglais qui écrit en français, traduit par un ingénieur suisse… Difficile d'imaginer plus mondial comme début dans la vie. Le mont Blanc a toujours été Babel.

*

Les habitants de Chamonix reconnaissaient le mont Blanc de loin. Pour eux, les glaciers n'étaient pas si mystérieux. Reprenons le récit de Windham au moment où il parle des crevasses, pardon des « fentes » : « Souvent les chercheurs de cristaux s'y perdent. On retrouve au bout de quelque temps leurs corps tout à fait conservés. Tous nos guides nous assurèrent que ces fentes changent continuellement et que toute la *glacière* a un certain mouvement. En montant, nous entendîmes souvent comme des coups de tonnerre que nos guides nous assurèrent être de nouvelles fentes qui se formaient, mais il ne s'en fit point pendant que nous étions sur la glace. » Au début, Windham a l'air sceptique sur ce que lui racontent ses guides. Mais il se souvient de nouveau de ce qu'il a lu sur la banquise : « Les voyageurs remarquent que dans le Groenland, la glace se fend avec des éclats qui ressemblent au tonnerre, de sorte que ce pourrait bien être ce que disaient nos guides ».

Je relis ce passage, fasciné. On y lit toute la connaissance approfondie que les Chamoniards ont déjà de leurs glaciers : pas une superstition obscurantiste, mais une compréhension intime de la glace et de ses mouvements, que les scientifiques mettront plus d'un siècle à confirmer.

Les montagnards de Chamonix savaient que les glaciers sont des fleuves de glace qui progressent régulièrement vers l'aval (« toute la *glacière* a un certain mouvement »), que les crevasses ne sont pas figées, mais s'ouvrent au gré de ce mouvement (« de nouvelles fentes se formaient »). Des cristalliers s'y déplaçaient assez souvent pour que certains s'y perdent et que d'autres retrouvent leurs corps préservés par le glacier…

Les Chamoniards ne sont pas des sauvages effrayés par les glaciers où le diable fait son sabbat. Ils les regardent dans les yeux, les connaissent. Et vont bientôt faire profiter les touristes de ce savoir : dans les *glacières* du bas, en leur faisant visiter la mer de Glace ; et dans les *glacières* du haut, en ouvrant la route du mont Blanc.

*

Résumons : « Windham et Pococke » étaient en fait huit Anglais accompagnés de cinq domestiques, d'un nombre indéterminé de guides et de porteurs chamoniards. Ils ne montaient pas la garde devant leur tente pour se défendre des sauvages montagnards, mais pour leur faire une farce ; ils ont « découvert » un glacier que les habitants de la vallée connaissaient déjà mieux que les scientifiques qui mettront un siècle à le comprendre. Et Pierre Martel a écrit pour la première fois le nom d'un sommet que les hommes qui vivaient à son pied reconnaissaient à plus de 200 kilomètres et identifiaient sûrement comme l'un des plus hauts, sinon le plus haut, des Alpes.

Bien sûr, il y a des raisons objectives à ces distorsions. Chamonix n'était pas inaccessible, mais difficile d'accès… surtout dans le sens de la montée. Charles Durier raconte par exemple que, au XVe siècle, l'hérésie a remonté l'Arve jusqu'à Passy, mais pas au-delà : « Les grands mouvements politiques et religieux qui agitent le monde viennent expirer au seuil de notre vallée, comme la tempête à l'entrée des lagunes qu'un canal étroit joint à la mer ». Le défilé des Egratz, qu'on évite aujourd'hui à la montée par un viaduc de plusieurs kilomètres, jouait le rôle de ce canal étroit.

Philippe Joutard, dans *L'Invention du mont Blanc*, rappelle l'importance du lien « entre une ville et son horizon montagneux ». Or, au début du XVIe siècle, la ville de Calvin se libère de la tutelle des ducs de Savoie et embrasse la Réforme. Le massif du Mont-Blanc, terre catholique, se retrouve coupé de sa base naturelle au moment où les Alpes bernoises sont déjà explorées.

*

Charles Durier et Philippe Joutard m'ont aidé à comprendre les débuts du mont Blanc dans la vie. Avant, je me suis laissé berner par les légendes à tiroir et les découvertes qui n'en sont pas. Ça s'est joué, je crois, à l'âge où j'ai commencé à pratiquer l'alpinisme et à me passionner pour les récits de montagne. Lecteur, j'étais Windham-Livingstone pénétrant, armé jusqu'aux dents, en terre inconnue. Alpiniste, j'explorais des terres vierges. Facile ! Je foulais des neiges où aucun homme n'avait jamais mis le pied, je découvrais des aubes inconnues, la couleur des séracs, des horizons qui s'ouvraient sur des pays lointains.

Le mont Blanc était mon Amérique, j'étais mûr pour y rencontrer Christophe Colomb.

Chapitre 2

Colomb ou Homère

Le 8 août 1786 en fin d'après-midi, Jacques Balmat, un cristallier né vingt-quatre ans plus tôt à Chamonix, parcourt à bout de souffle les derniers mètres qui le séparent du sommet du mont Blanc. « De dix pas en dix pas, j'étais obligé de m'arrêter comme un phtisique. Il me semblait que je n'avais plus de poumons et que ma poitrine était vide. » Il met un instant à réaliser qu'il n'y a plus rien au-dessus de lui, qu'il se trouve au sommet du mont Blanc. Il raconte qu'il est seul. « Les articulations de mes jambes me semblaient ne tenir qu'à l'aide de mon pantalon. J'étais arrivé là où personne n'était venu encore, pas même l'aigle ou le chamois ; j'y étais arrivé seul, sans autre secours que celui de ma force et de ma volonté ; tout ce qui m'entourait semblait m'appartenir ; j'étais le roi du mont Blanc, j'étais la statue de cet immense piédestal ; – Ah ! »

Ah ! Quel style ! Quel élan ! On dirait d'Artagnan ou le comte de Monte-Cristo. « Alors je me tournai vers Chamouny, agitant mon chapeau au bout de mon bâton, et je vis, à l'aide de ma lunette, qu'on répondait à mes signes. Mes sujets de la vallée m'avaient aperçu. Tout le village était sur la place. »

Hum, hum… Jusque-là c'était impeccable, avec juste ce qu'il faut de lyrisme pour que le grand public marche. Mais on s'emballe. Une lunette ? Il faudrait qu'elle soit sacrément puissante pour pouvoir distinguer des signaux à Chamonix, à dix kilomètres.

Il y a bien une lunette, mais dans l'autre sens. Et celui qui colle son œil dedans voit… deux hommes arriver au sommet (on va y revenir).

Qui raconte ? Balmat ? Peut-être. Plus ou moins. On est en août 1832, quarante-six ans après les faits. Jacques Balmat est attablé à la terrasse d'un café de Chamonix. Il a 70 ans, un jeune homme à la volumineuse chevelure le fait boire et prend des notes au crayon dans son album. C'est Alexandre Dumas, excité d'avoir en face de lui « le Christophe Colomb du mont Blanc ».

*

Dans le récit de Dumas, Balmat, ayant salué ses sujets qui l'acclament, se souvient qu'il a oublié son compagnon, le docteur Michel Gabriel Paccard, laissé endormi au bord de la trace une heure plus tôt. Il redescend le chercher : « Je le trouvai la tête entre les genoux et tout racorni sur lui-même, comme un chat qui fait le manchon ». Balmat secoue Paccard, le prend sous les bras et l'aide à se remettre en route, lui prête une de ses moufles en peau de lièvre. Ils remontent ensemble au sommet, où ils arrivent à six heures du soir. « Quoique le soleil jetât un vif éclat, le ciel nous paraissait bleu foncé, et nous y voyions briller quelques étoiles. » Incroyable ! Magique ! Des étoiles en plein jour ! Le panorama est grandiose, la chaîne des Alpes « étalait ses quatre cents glaciers resplendissants de lumière ». Balmat, qui ne se sent plus du tout phtisique, est le seul à en profiter : « Paccard ne voyait rien, je lui racontais tout ».

Un seul détail est vrai dans ce récit de la conquête du mont Blanc tout à la gloire de Balmat, c'est que les deux hommes ont échangé une moufle car le vent était très froid et que Paccard sentait ses mains geler. Vraie aussi, cette précision étonnante de la part du romancier : « Nous restâmes ainsi trente-trois minutes ».

Comment sait-on que Balmat et Paccard sont restés trente-trois minutes au sommet du mont Blanc le soir du 8 août 1786 ? Parce qu'on les y a vus : « Nous soussignés Adolphe Traugott de Gersdorf de Meyersdorf dans la haute Lusace et Charles André de Meyer du même pays, nous étant trouvés au bourg de Chamonix en Faussigny pour y voir les glaciers et les autres curiosités de l'endroit le 8e d'août 1786, nous avons vu avec nos lunettes d'approche que spectable Michel Gabriel Paccard, Docteur en Médecine dudit Chamonix, est parvenu avec Jacques Balmat son guide sur le sommet du mont Blanc, situé audit lieu, sur les six heures 23 minutes du soir. Nous l'y avons vu se promener : et sur lequel mont, ils sont restés une demi-heure 4 minutes, ayant commencé à descendre sur les six heures 57 minutes. »

C'est Paccard, fils de notaire, qui a demandé que son ascension soit certifiée devant le notaire royal, le jour même de son retour à Chamonix, alors qu'il était à moitié aveuglé par l'ophtalmie des neiges.

Dumas sait raconter. Son récit se termine sur une jolie pirouette : il demande à Balmat si Paccard est resté aveugle après l'ascension, et le cristallier lui répond que « le bonhomme » lisait sans lunettes jusqu'à son dernier jour, mais qu'il avait toujours les yeux rouges parce qu'il levait le coude. Et le romancier décoche sa dernière flèche : « En disant ces mots, Balmat vida sa troisième bouteille ».

L'historien Charles Durier écrit qu'on lui a certifié que le récit de Dumas était exact : « Venance Payot, naturaliste bien connu à Chamonix, assistait à l'entretien. Il a maintes fois répété à son fils, de qui je le tiens, que le récit de l'illustre romancier était non seulement exact, mais le plus exact qu'on eût fait. Il ajoutait pourtant que Balmat était très sobre de paroles, et que M. Dumas avait délayé. »

Je suis désolé pour Charles Durier, d'habitude si précis. Sans doute impressionné par la star nationale du roman historique, il s'est fait avoir. Deux alpinistes britanniques érudits, Charles Mathews et Douglas Freshfield, prouveront à la toute fin du XIXe siècle que l'épopée d'un Balmat redescendant chercher un Paccard endormi n'était qu'un roman.

*

Qui a inventé ? Dumas ? Balmat ? Pourquoi Paccard était-il méfiant au point de demander à un notaire d'enregistrer la déposition des témoins au lendemain de l'ascension ? Sans rentrer dans le détail d'une polémique qui mijota pendant un siècle, il faut mentionner un personnage encombrant qui phagocyte l'histoire de la conquête : le Genevois Marc Théodore Bourrit, peintre sur émail qui publie des brochures sur le mont Blanc et se révèle malade de jalousie tant il aurait aimé être là-haut à la place de Paccard. Si ce publiciste emphatique parvient à jeter le trouble sur l'attitude de Paccard dans la première ascension du mont Blanc, c'est qu'aucun des deux protagonistes n'est très doué pour raconter : Balmat est à l'époque un jeune cristallier assez solitaire, ses récits sont brumeux et aussi brefs que ses escapades en montagne (il pouvait grimper en deux heures à la montagne de la Côte, 1 500 mètres au-dessus de Chamonix). Paccard, qui a des ambitions scientifiques sans en avoir l'esprit, n'arrive pas à publier le récit pour lequel il a levé une souscription. C'est pourquoi il n'existe aucune relation précise et fiable de la première ascension du mont Blanc. La comparaison avec la seconde ascension par Horace-Bénédict de Saussure, dont la relation est immédiatement traduite en anglais et en italien, est un peu humiliante.

Il y a plusieurs choses étonnantes dans cette seconde ascension. D'abord… ce n'est que la troisième. Le 5 juillet 1787, Balmat est retourné au sommet avec deux autres guides, Alexis Tournier et Jean-Michel Cachat, dit Cachat le Géant. Il n'y a que des Chamoniards, alors on ne la compte pas, elle disparaît des tablettes, *pschitt*. C'est une règle durable qui s'établit là. Une ascension dans les Alpes, c'est le nom d'un ou de plusieurs clients, généralement étrangers, auquel on ajoute parfois (c'est rare) ceux de ses guides et jamais ceux des porteurs. L'habitude survit aujourd'hui en Himalaya, où la plupart des clients des expéditions commerciales oublient les Népalais sans lesquels leurs « conquêtes » n'existeraient pas.

Voici donc Horace-Bénédict de Saussure, qui triomphe le 3 août 1787 avec son domestique, au milieu d'une cohorte de dix-huit guides et porteurs. Saussure est l'homme clé de la conquête du mont Blanc. Il est né à Genève en 1740, quand Windham préparait son expédition aux *glacières*. À 20 ans, il a connu son chemin de Damas sur les hauteurs du Salève, qui dominent Genève. Naturaliste conquis par les montagnes, il a formé le projet de porter la science aussi haut qu'il serait possible, soit jusqu'au sommet du mont Blanc. Ledit sommet étant provisoirement inaccessible, il promet une récompense à quiconque ouvrira la voie. C'est d'abord un projet logique, réfléchi, une somme d'expériences scientifiques à réaliser. Puis, petit à petit, le mont Blanc devient son idée fixe, jusqu'à ce qu'il s'en libère vingt-sept ans plus tard.

Saussure est un brillant intellectuel, professeur de philosophie à 22 ans, et un savant voyageur. Il rencontre Buffon à Paris, gravit l'Etna... Comme ses pérégrinations inquiètent sa femme, il lui écrit de longues lettres qui deviendront les quatre volumes des *Voyages dans les Alpes*. C'était, nous dit Durier, « l'Homère des Alpes ». Saussure sait raconter, bondissant avec légèreté du scientifique à l'intime. Il décrit avec une précision proustienne ses sentiments au moment où, à onze heures du matin, il touche son rêve du doigt. Comme il a eu la cime en ligne de mire pendant les deux dernières heures de l'ascension, « cette arrivée ne fut pas un coup de théâtre. Elle ne me donna même pas d'abord tout le plaisir qu'on peut imaginer ». Il est soulagé de voir cesser les souffrances de l'ascension, mais irrité à l'idée que la fatigue l'empêchera de réaliser les vingt-cinq expériences scientifiques sans lesquelles son ascension, dit-il, n'aurait pas de sens : « Au moment où j'eus atteint le point le plus élevé de la neige qui couronne cette cime, je la foulai aux pieds avec une sorte de colère plutôt qu'avec satisfaction ».

Quatre heures et demie d'expériences plus tard, il est calmé, enfin heureux.

*

L'histoire du mont Blanc n'appartient pas à ceux qui grimpent le mieux, mais à ceux qui savent raconter. Il faut rendre au docteur Paccard sa réelle passion pour le mont Blanc, dont il avait déjà tenté deux fois l'ascension, par deux voies différentes. Et à Jacques Balmat son audace de pionnier : c'est lui qui, deux mois avant le jour décisif, partit seul, à califourchon, sur l'arête des Bosses à la tombée du jour ; lui qui, abandonné par ses compagnons, survécut à une nuit de bivouac sur le Grand Plateau, à près de 4 000 mètres d'altitude, sans rien d'autre qu'un petit sac de cuir. C'est Balmat, sans aucun doute, qui ouvrit la voie du mont Blanc. Il mérite l'enthousiasme de Victor Hugo dans *La Légende des siècles* : « J'irai ! J'assiégerai dans ma sublime audace/cette forteresse de glace ».

Le jour historique, les deux hommes se sont relayés pour faire la trace dans une neige croûtée. Ils formaient ce qu'on appellera plus tard, quand l'usage de la corde se répandra, une véritable cordée. Mais l'histoire est injuste pour les cordées. Maurice Herzog, qui réussit presque à faire oublier que Louis Lachenal était avec lui au sommet de l'Annapurna, aimait dire que personne ne se souvenait du nom de l'homme qui avait marché sur la Lune le même jour qu'Armstrong.

Et si Balmat et Paccard buvaient probablement l'un et l'autre beaucoup de vin selon les standards actuels, il y a autant de chances de trouver un alcoolique au sommet du mont Blanc en 1786 que d'y voir les étoiles de midi.

*

Quand Alexandre Dumas, arrivant à Chamonix, a demandé à rencontrer Jacques Balmat, on a cru au retour du fils prodigue. Alexandre Balmat, l'un des fils du cristallier, avait « les cheveux crépus et le teint un peu bronzé », comme l'auteur des *Trois Mousquetaires*, note Charles Durier. En bon héritier du « Christophe Colomb du mont Blanc », Alexandre Balmat s'était exilé de bonne heure et n'avait plus jamais donné de nouvelles. « Les Chamoniards, trompés par la ressemblance et le prénom, crurent d'abord que l'illustre romancier était le propre fils de leur camarade venu pour surprendre son père. » Deux autres des fils de Balmat, Édouard et Gédéon, émigrèrent en Amérique, et un quatrième, Ferdinand, s'engagea au service de l'Espagne. Des cinq enfants de Jacques Balmat, seule sa fille Henriette resta à Chamonix.

Une autre fille de Jacques Balmat, Judith, était morte à 10 jours le 8 août 1786, le jour où son père se dressait sur la cime du mont Blanc.

Chapitre 3

Premier accident

Après l'ascension mémorable d'Horace-Bénédict de Saussure, le mont Blanc reçoit encore, coup sur coup, deux visites. Six jours après le savant genevois, le colonel Beaufroy, un astronome de 23 ans, est le premier d'une très longue liste d'ascensionnistes anglais. Et, un an plus tard, un dénommé Wooley se gèle les pieds dans une ascension racontée avec les effets de manche habituels par Marc-Théodore Bourrit, qui parvient par les mots à se hisser au sommet alors qu'il a abandonné vers 4 000 mètres d'altitude, renonçant définitivement au rêve qu'il a popularisé.

Ensuite, le mont Blanc se rendort comme un volcan après l'irruption des hommes. Il y a treize années troublées sans ascensions avant que les clients reviennent : un baron letton et un Vaudois, en 1802. En 1809, une ascension 100 % chamoniarde a l'honneur d'être homologuée car l'un des membres est pire qu'un client : une femme, Marie Paradis. En 1818, le comte Antoine Malczeski, polonais, voit au sommet « l'œuvre du dieu Chaos » et lévite : « Les milliers de montagnes gigantesques aux sommets de granit et aux boucliers neigeux, le ciel d'une teinte presque noire, le soleil assombri, le vif éclat de la neige, l'air raréfié qui rend la respiration oppressée et le pouls qui bat violemment, tout cela pénètre le mortel d'une sorte de sentiment surhumain. »

Bref, le mont Blanc se banalise. En 1820, il a été gravi onze fois, sans faire de victime.

*

Au début de l'été 1820, le docteur Joseph Hamel, conseiller du tsar Alexandre Ier, arrive à Chamonix chargé d'une mission scientifique par le gouvernement russe. Le 17 août, il se met en route vers le mont Blanc avec deux compagnons anglais, après avoir embauché dix guides. Un violent orage éclate alors que la caravane atteint les rochers des Grands Mulets, devenus l'étape classique avant la phase finale de l'ascension. Au matin, tout le monde grelotte dans ses habits mouillés et les guides veulent redescendre. Mais le docteur Hamel est inflexible. Après une journée d'attente sous un ciel bouché, la caravane se remet en route au matin du troisième jour. Elle traverse le Grand Plateau, et attaque les pentes raides qui défendent le sommet, sous les Rochers rouges. Il est dix heures et demie, le temps et le moral sont revenus au grand beau. Hamel prépare un billet de victoire où il ne reste plus qu'à compléter l'heure d'arrivée au sommet : on l'attachera à la patte d'un pigeon voyageur que l'un des guides porte dans un vieux chaudron. Les guides ouvrent un profond sillon dans la neige.

« On entendit un bruissement sourd, raconte Charles Durier, quelque chose d'analogue au bouillonnement d'un torrent caché. » L'avalanche s'est déclenchée en tête de la caravane. Elle frôle les trois clients, mais cinq guides sont ensevelis. Deux parviennent à se dégager, au bord de l'asphyxie. Mais trois hommes ont été entraînés dans une crevasse. Pendant plus d'une heure, leurs compagnons sondent la neige avec leurs longs alpenstocks, appellent. Hamel enfonce profondément son bâton dans la crevasse et en serre l'extrémité entre ses dents, espérant percevoir un signal, mais rien.

Pierre Carrier, Pierre Balmat et Auguste Tairraz sont les trois premiers morts du mont Blanc. La catastrophe déclenche un mouvement de solidarité dans la vallée. Le roi de Piémont-Sardaigne accorde une pension aux familles des victimes. La Compagnie des guides de Chamonix est créée et se dote d'une caisse de secours.

La rancune dans la vallée ne s'est jamais vraiment éteinte. Charles Durier, enquêtant auprès des derniers survivants de l'accident du mont Blanc, la perçut encore, un demi-siècle plus tard. Hamel, avec son entêtement à poursuivre l'ascension, était tenu pour seul responsable. « L'étranger, écrit l'historien, était un homme au caractère emporté, impérieux, un Russe habitué à parler à ses serfs, à tout faire plier sous sa volonté. »

Pour se disculper, Joseph Hamel écrivit une relation qui se terminait par cette prédiction : « Il est possible qu'après un millier d'années, les cadavres de mes guides reparaissent plus bas sur la montagne ».

James David Forbes, le savant qui avait étudié les glaciers mieux que personne, estima que quarante années suffiraient.

Chapitre 4

La foule attire le danger (et *vice versa*)

Le 24 août 2008 à trois heures du matin, un guide qui petit-déjeunait au refuge des Cosmiques a vu une file d'une cinquantaine de lampes frontales dégringoler du haut du mont Blanc du Tacul. Un sérac venait de se détacher en haut de la face glaciaire, qui donne accès au premier des « trois monts Blancs ». Ce bloc de glace, de dimensions plutôt modestes, a provoqué la rupture d'une grosse plaque à vent (de la neige accumulée par le vent), large de 200 mètres et épaisse d'1,50 mètre. Toutes les cordées échelonnées dans la face, emmenées par des guides français, italiens, autrichiens, suisses, ont été entraînées.

Les conditions étaient bonnes. Grand beau, pas de vent. Il avait un peu neigé les jours précédents sous les orages de fin d'après-midi, mais pas assez pour empêcher que le mont Blanc se fasse tous les jours par cette voie, l'une des deux classiques. Aucun des professionnels n'a vu le piège de la plaque à vent. Il était sans doute indécelable. On peut juste se demander si chacun d'eux n'aurait pas été un peu plus vigilant s'il avait été seul avec ses clients. En montagne, la foule donne un sentiment de sécurité illusoire.

La ministre de l'Intérieur Michèle Alliot-Marie est venue à Chamonix pour visiter les blessés, encourager les sauveteurs et annoncer la fin des recherches. Huit victimes, emportées dans le versant raide qui plonge vers le glacier des Bossons, n'ont jamais été retrouvées. Ils étaient suisses, autrichiens et allemands.

*

Le 12 juillet 2012 aux premières lueurs de l'aube, près de l'épaule du mont Maudit, le deuxième des « trois monts », un alpiniste qui plantait son piolet a vu toute la pente se fissurer et glisser en avalanche – « comme quand l'écureuil de *L'Âge de glace* provoque un cataclysme en déplaçant une seule noisette », a raconté un sauveteur. À cet instant, une trentaine de personnes étaient engagées dans la face nord du mont Maudit, à mi-chemin de l'ascension du mont Blanc. La plupart ont été emportées. La plaque à vent faisait 200 mètres de large. Les conditions étaient délicates. Des guides chamoniards, plus libres que leurs confrères étrangers, avaient renoncé à la course.

L'un des survivants a alerté les secours à 5 h 25 sur son téléphone portable. Les recherches ont été filmées pour le magazine *Missions d'urgence*. Le Peloton de gendarmerie de haute montagne (PGHM) est épaulé par les confrères italiens car l'accident a eu lieu tout près de la frontière. Les secouristes sont calmes, ils sondent l'avalanche avec de longues perches, mais il est trop tard. Un chien d'avalanche flaire une victime, ensevelie sous plus d'un mètre de neige compacte. Un survivant suédois témoigne sur son lit d'hôpital. Il y a neuf morts, suisses, allemands, espagnols, britanniques. Au mont Blanc, plus de la moitié des victimes sont des étrangers.

Le ministre de l'Intérieur Manuel Valls est venu remercier les sauveteurs pour leur travail. On lui a posé des questions sur la surfréquentation du mont Blanc.

*

Les avalanches ignorent les saisons au mont Blanc : au-dessus de 3 000 mètres d'altitude, la quasi-totalité des précipitations tombent sous forme de neige. Les vents, qui peuvent dépasser 200 kilomètres/heure, rabotent les arêtes, transportant la neige sur les contrepentes. Des plaques à vent peuvent rester suspendues pendant des semaines, comme de vraies bombes à retardement.

Parfois il pleut, et c'est pire. L'été 1998, la pluie a transformé la voie classique de l'arête des Bosses en patinoire de glace vive, hyperdangereuse pour les néophytes qui forment la majorité des candidats à l'ascension. En l'espace de quinze jours, dix-huit personnes sont mortes de chutes.

Le mont Blanc n'est pas plus dangereux en soi que les autres sommets du massif, par exemple les Grandes Jorasses, mais l'altitude est un piment supplémentaire, et l'affluence peut transformer un banal accident en catastrophe. Il y aura d'autres drames au mont Blanc. On mourra prisonnier du brouillard au dôme du Goûter, victime de chutes de pierres en traversant le funeste « Grand

Couloir ». Parfois, la foule sera touchée, le bilan sera lourd.

Fatalité ? Le colonel Blaise Agresti réfléchit depuis longtemps à la question. Il dirigeait le PGHM en 1998. Il est aujourd'hui conseiller du directeur de la gendarmerie et chargé de la formation en montagne des gendarmes. Fils d'alpiniste, guide lui-même, il sait trouver le ton juste pour sensibiliser le public aux dangers sans verser dans le poncif de la montagne tueuse. « Il y aura toujours des accidents, mais on peut trouver un discours qui rassure, prôner une approche qui accepte le bon risque, le risque maîtrisé. »

Le mauvais risque, c'est l'ignorance, le manque de technique, l'erreur humaine. Le « bon », c'est la difficulté acceptée, les « dangers objectifs » évités. L'expérience aidant, on apprend à ne pas se trouver au mauvais endroit au mauvais moment.

En 2008, le guide Olivier Dufour avait raconté sur son blog l'avalanche du Tacul dont il avait secouru les blessés. Quatre ans plus tard, lorsque le drame s'est répété, il a expliqué dans un *post-scriptum* pourquoi il refuse désormais cette course. Mais tous les guides ne peuvent pas se permettre de renoncer à cette source de revenus importante. Car la demande est forte.

*

« Les drames n'arrêtent pas les candidats au mont Blanc, au contraire ! » dit Claude Jaccoux, 80 ans, l'un des premiers guides à avoir emmené des clients en expédition dans les montagnes du monde entier (c'était en 1971, sur un sommet vierge du Pakistan). Ce pionnier de l'alpinisme voyageur cherche à comprendre ce qui attire le monde sur les pentes du mont Blanc. Qu'est-ce qui en a fait une montagne emblématique, courtisée par les non-alpinistes comme le Kilimandjaro, l'Aconcagua ou le McKinley ? La question lui plaît, il la soupèse : « C'est comme à l'Everest, où chaque catastrophe attire de nouveaux clients. Le risque semble faire partie d'une expérience initiatique. » Claude Jaccoux nous invite à le suivre au tour de rôle, où on l'écoute comme un patriarche. On le laisse plier son mètre 90 sous la porte basse derrière laquelle les guides de Chamonix se répartissent les courses chaque jour à 18 heures, mais on n'entre pas : le tour de rôle se tient à huis clos dans une pièce sans fenêtres.

La conversation reprend à la terrasse de *Mélanie*, sur la place de l'église. Initiatique ? David Ravanel, président de la Compagnie des guides de Chamonix, raconte que son père n'a jamais accepté de faire un mont Blanc avec un client dont c'était la première course. Pour Marc Cereuil, président de la Caisse de secours, l'engouement pour le mont Blanc est le symptôme d'une crise identitaire, apparue au début des années 1990 en même temps qu'Internet et les vols *low cost* : « Dans notre société de zappeurs et de consommateurs, on n'existe plus, tout va trop vite. Pour exister, il faut faire un truc de masse, quelque chose qui a un nom. Il faut faire les choses… pour les avoir faites plus que pour les vivre. »

« Les gens ont besoin de preuves, reprend Jaccoux. On dira : "j'ai fait le mont Blanc", comme "j'ai fait Compostelle ou le Ventoux à vélo" »…

Claude Jaccoux se souvient de son premier mont Blanc, avec ses cousins de la vallée en 1947. Sur le moment, il avait 15 ans, ça lui avait semblé normal. Plus tard, étudiant en philo, il a vu l'effet que cette ascension produisait sur ses camarades. Il le dit sans forfanterie, comme on fouille dans un carton de photos oubliées. Sa fierté n'est pas là, mais dans ce métier qu'il aime et pratique toujours, droit comme un i sous la responsabilité qui jamais ne l'a accablé.

Chapitre 5

Drapeaux et conquêtes

Le mont Blanc domine la France, l'Italie et la Suisse, mais où est-il ? Au début, c'est assez simple : il est en Savoie, sur ses deux versants, et les Savoyards Balmat et Paccard sont les premiers à en faire l'ascension. C'est donc une histoire savoyarde.

La Suisse n'est pas loin. Deux Genevois, Saussure et Bourrit, contribuent à la popularité naissante du mont Blanc qui devient une affaire helvétique, mais pas au point de combler l'abîme religieux qui sépare Genève de ses montagnes, au-delà des gorges de Cluses. *Exit* la Suisse, reléguée à l'extrémité orientale du massif, ce mont Dolent où convergent aujourd'hui trois frontières.

En 1792, la question se complique une première fois : la Savoie est rattachée à la France révolutionnaire et forme le « département du mont Blanc ».

En 1796, le traité de Paris entérine l'annexion et, pour la première fois, une frontière internationale traverse le massif. Mais, en ces années de révolution et de guerres où Napoléon étend son empire jusqu'à Rome, la question du tracé de la frontière n'est pas la priorité : jusqu'en 1815, le mont Blanc domine une mer agitée de tempêtes politiques. Qui se soucierait de savoir à qui appartient cette montagne que pas grand monde n'essaye de gravir ? Il y a cinq ascensions entre 1786 et 1788, et trois seulement dans les trente années qui suivent, jusqu'en 1818.

Après les Cent Jours, la Savoie revient dans le giron du royaume de Sardaigne. La question de la frontière ne se pose toujours pas. Mais les États-nations prennent leur essor en Europe, et, dans le registre de la Compagnie des guides de Chamonix, on mentionne de plus en plus souvent la nationalité (et non la ville d'origine) des voyageurs parvenus à la cime. En 1834, le mont Blanc a été gravi par un Genevois et un Vaudois (on ne disait pas Suisses), un Courlandais (de Lettonie), un Hambourgeois (on ne dit pas Allemand), un Polonais, deux Américains, un grand nombre d'Anglais : soit seize « voyageurs » étrangers, et un nombre indéterminé de guides savoyards, plus une femme.

Mais de Français, point.

*

C'est alors qu'entre en scène un personnage flamboyant, un ancien officier de dragons à moustaches, qui va se charger de porter au sommet de l'Europe les couleurs de la France. Ou plutôt, l'une de ses couleurs : le blanc.

Le comte Henri de Tilly est un Chouan exilé. Deux ans plus tôt, il a été proscrit et condamné à mort par contumace pour avoir participé en Vendée à une tentative d'insurrection légitimiste. La duchesse de Berry, belle-fille de Charles X, espérait renverser la monarchie de Juillet et porter sur le trône son fils, le duc de Chambord. Elle a débarqué dans une calanque à Marseille et a gagné secrètement la Vendée. Mais la police de Louis-Philippe n'en a fait qu'une bouchée, elle a été arrêtée à Nantes, emprisonnée à Blaye puis exilée en Sicile ainsi que ses partisans. Dont le comte de Tilly.

En Sicile, Tilly gravit l'Etna. Il raconte qu'il est descendu dans le cratère où il a entonné un chant vendéen, sans être autrement effrayé par le souvenir de « la longue agonie de sept Anglais dans ce lieu de terreur ». Un peu plus tard, de passage à Genève, il décide de tenter l'ascension du mont Blanc. C'est le début du mois d'octobre, jamais le sommet n'a été gravi aussi tard dans la saison.

Il embauche six guides, dont Julien Devouassoux, un miraculé de l'avalanche de 1820. Le soir aux Grand Mulets, le spectacle du coucher de soleil attriste Tilly : « Le soleil se couchait pour nous de l'autre côté de cette France chérie qu'asservissent 400 000 maîtres avec un mousquet sur l'épaule, un sabre-poignard au côté. Qu'il était beau ce soleil pourpré entouré de légers nuages qui reflétaient si diversement la lumière, qu'elle me semblait humiliée cette malheureuse France ! » Mais le proscrit songe à ses amis, « ceux qui lèvent fièrement la tête sur la terre d'exil, et cela me donna du courage ». La nuit passe sans qu'il parvienne à trouver le sommeil. Il guette le vacarme des avalanches, se tourne, inquiet, vers ses guides pour essayer de savoir où elles tombent, et une image guerrière lui vient à l'esprit : « Un partisan intrépide cherche à surprendre les secrètes pensées de ses adversaires ; entouré d'ennemis dont les clameurs retentissent dans les airs, l'oreille tendue, un doigt levé dans l'attitude du silence, les yeux fixés intelligemment à terre, une main sur son mousquet ».

*

Le lendemain, la caravane se met en route à six heures du matin. Le vin est gelé. Il n'a pas neigé depuis un mois et les traces de la caravane précédente sont encore visibles. Arrivés près du lieu de l'accident de la caravane du docteur Hamel, les guides leur montrent l'endroit : « Ce n'était pas le moment de questionner Julien Devouassoux et je différai ma curiosité jusqu'au soir ».

Le froid est de plus en plus vif, Tilly se frappe les pieds avec son bâton à chaque halte, le vent arrache des panaches de neige au sommet. Le comte croit savoir que Napoléon fit sceller une croix de fer sur le sommet, mais qu'elle fut emportée en 48 heures (je n'ai jamais vu d'autre mention de cette croix au sommet, et comment aurait-elle été scellée dans la glace ?). En regardant vers le sommet, Tilly voit le soleil entouré de sept cercles, dont chacun reproduisait les sept couleurs du spectre solaire.

Le 9 octobre 1834, à trois heures et demie, seuls deux des six guides sont à son côté quand il arrive au sommet. Il estime qu'il fait moins quinze, « d'énormes glaçons me pendaient aux moustaches », écrit l'ancien officier des dragons. Ce qui se passe alors illustre à quel point l'idéologie, plus que les faits, façonne la vision du monde. « Mes premiers regards, écrit-il, furent pour la France, comme pour elle sera mon dernier soupir. Je remerciai Dieu dans mon cœur de m'avoir permis de m'élever au-dessus du vol audacieux de l'aigle, pour mieux contempler sa puissance sans bornes. Alors, ayant formé une hampe au moyen de deux bâtons réunis, j'y fixai le drapeau sans tache, que le vent d'est fit flotter tout d'abord dans la direction de la France. »

Le premier drapeau français sur le mont Blanc n'est pas le drapeau tricolore, rétabli par Louis-Philippe en 1830 : c'est le drapeau blanc des légitimistes, celui de Charles X.

*

Le paysage se met au diapason de cet homme lyrique, qui confesse aimer les sentiments. « Je gémis sur cette France toute rougeâtre par les rayons du soleil qui la coloraient, comme si c'eut été un reflet du sang versé sans mesure par la révolution. »

Il voit Lyon la guerrière, Milan comme un village blanchâtre, et surtout Venise, alcyon planant sur les flots. « Oh, avec quelle joie je fixai ce point à peine perceptible, qui fut le premier témoin de mon exil ! »

Venise vue du mont Blanc, c'est tellement beau qu'on a envie d'y croire ! Mais si la lumière rouge comme le sang de la révolution est affaire de subjectivité, il est objectivement impossible de voir Venise (à 420 kilomètres) depuis le sommet du mont Blanc : compte tenu de la courbure de la terre, la vue depuis un point à 4 810 mètres d'altitude porte, rappelle Charles Durier, à 210 kilomètres. Toujours précis, l'historien dresse la liste des villes placées sur un cercle de ce rayon, et dont le mont Blanc est le centre : Dijon, Beaune, Charolles, Roanne, Montbrison, Saint-Étienne, Yssingeaux, Privas, Montélimar, Forcalquier, Castellane, Nice,

Gênes, Plaisance, Bergame, Zürich, Mulhouse, Vesoul – encore faut-il que l'air soit clair et que des reliefs intercalés n'arrêtent pas la vue.

Tilly est un récidiviste : déjà, depuis l'Etna, il avait vu la Grèce et Massilia : Marseille, à presque 1 000 kilomètres !

Le guide sent ses pieds geler et les secoue, il faut partir. Le Français en extase regarde sa montre et réalise que dix-huit minutes ont déjà passé alors qu'il pensait n'être au sommet que depuis trois minutes. Encore dix lignes d'adieux douloureux à la France, à Venise, et le comte de Tilly s'engage dans la descente.

*

Du mont Blanc, chacun peut voir la France à sa façon, parfois déformée par la perspective. Mais soudain, elle se rapproche. Le 23 avril 1860, la Savoie plébiscite à 99,97 % d'être « réunie » à la France. L'annexion, exigée par Napoléon III comme prix de son soutien à l'unité italienne, est ratifiée le lendemain par le traité de Turin. Le mont Blanc est le fleuron de cette conquête pacifique.

Mais où est le sommet : en France, en Italie ou à cheval sur les deux ? Selon le traité, la nouvelle frontière internationale doit suivre la ligne de partage des eaux et donc passer par les plus hauts sommets du massif. Il n'y a aucune raison pour que le mont Blanc, situé sur la ligne de partage des eaux, ne soit pas français et italien.

Le 3 septembre, Chamonix tout illuminée accueille l'empereur et sa suite. Le photographe officiel Auguste Rosalie Bisson immortalise l'impératrice Eugénie partant sur son âne pour le Montenvers, puis la suite impériale sur la mer de Glace. Mais il vise plus haut. Il a lancé une souscription pour financer une expédition lourde : il s'agit d'acheminer tout son matériel à 4 810 mètres pour prendre le premier cliché depuis le sommet du mont Blanc.

Le pari est gagné le 24 juillet 1861. Si le photographe de la cour le capture dans son objectif, est-ce le signe que le mont Blanc est plus français qu'italien ? La photographie est une prise de possession du paysage : les trois clichés pris par Auguste Rosalie Bisson dans des conditions épiques sont-ils une forme d'annexion photographique du sommet ? Si oui, elle fut éphémère : les frères Bisson, dont le studio parisien était en faillite, ont beaucoup misé sur cette première symbolique, mais les trois vues ont disparu de leur magnifique collection alpine.

*

Selon Charles Durier, la question de la frontière au mont Blanc a été tranchée par un acte de « courtoisie internationale », une « offre gracieuse du gouvernement italien » qui, en 1860, infléchit la frontière de 150 mètres pour laisser le toit de l'Europe entièrement à la France. Cette « offre » n'a laissé aucune trace sur les cartes italiennes, qui font toutes passer la frontière par le sommet même du mont Blanc, comme les cartes sardes antérieures faisaient déjà passer la frontière cantonale à 4 810 mètres d'altitude.

Ce n'est pas le cas des cartes françaises, sur lesquelles les petites croix font un drôle de crochet autour du sommet. L'auteur de ce tracé est le capitaine Jean-Joseph Mieulet. Plutôt que de suivre les arguties avancées pour justifier cette conquête cartographique (la justification serait que le sommet du mont Blanc est invisible de Courmayeur), mettons-nous dans les pas du capitaine Mieulet, qui raconte son ascension, le 14 juillet 1863. L'officier travaille sur la nouvelle carte d'état-major en préparation, il a été chargé du relevé topographique du massif : « Je devais, écrit-il, dessiner la forme du sommet du mont Blanc et chercher, en même temps, l'arête frontière entre la France et l'Italie ».

Le récit est plein de mots guerriers : les guides s'asphyxient et prennent « une teinte noire et livide », l'aube est « cadavérique », et le vaillant capitaine conquiert le sommet comme une place forte : « Par un suprême effort, je devance mes guides, et, plantant mon alpenstock sur le point le plus élevé de l'Europe, de toutes mes forces, j'ai crié : "Victoire !" Il était sept heures. » Plusieurs détails semblent trahir le projet de Jean-Joseph Mieulet : à cause du vent, il tourne le dos à l'Italie qui est « enveloppée d'une immense mer vaporeuse ». Mais « du côté de la Savoie et du Dauphiné, les objets étaient plus distincts ». Enivré par le spectacle sublime du sommet, l'officier d'état-major verse deux larmes, mais il n'oublie pas son travail.

Il fait des relevés pour préciser l'altitude, dessine, prend des notes, regarde vers le sud. On sent bien qu'il cherche à voir la frontière à l'écart du sommet : « Au sud, la pente est bien moins rapide et se relève en berceau pour former une saillie du côté de l'Italie ».

Mais le vent est violent et un des guides sent ses doigts geler. « Après avoir pris la forme et cherché la limite entre la France et l'Italie, j'ai repris à regret le chemin de Chamonix. »

*

Le concept de ligne de partage des eaux est le b.a.-ba du cartographe, et le capitaine Mieulet ne pouvait pas l'ignorer. Il utilise un vocabulaire qui donne au relief sommital une plastique incertaine (coupole, saillie, berceau…), mais décrit très bien le sommet du mont Blanc, une arête horizontale de 20 mètres de long, orientée d'est en ouest. L'eau, à cette altitude, n'existe que sous forme de glace, mais la glace s'écoule comme un fleuve : au sud, vers le Pô et l'Adriatique, au nord, vers le Rhône et la Méditerranée. S'il avait ignoré ce phénomène, le cartographe français l'aurait découvert de façon spectaculaire pendant l'été 1861.

Le 15 août de cette année-là, des fragments des corps des trois victimes de la caravane du docteur Hamel, ensevelis en 1820, furent retrouvés dans le glacier des Bossons, ainsi qu'une aile du pigeon voyageur qui devait porter le billet de victoire. « L'une des découvertes les plus saisissantes, écrit Charles Durier, fut celle d'une main qui s'était crispée si fortement sur le bâton de montagne que, bien que le pouce eût été arraché, un fragment de bois de sapin était resté incrusté dans les chairs de la paume. »

À la vitesse moyenne de 50 centimètres par jour, le glacier des Bossons avait mis quarante et un ans à parcourir les 8 kilomètres qui séparent le lieu de la catastrophe, en haut du versant français, des dernières crevasses du glacier des Bossons, où l'on entend gronder les eaux de son torrent émissaire. Des restes des trois malheureux guides continuaient d'être retrouvés pendant cet été 1863.

Chapitre 6

Pas de tramway au sommet

Les nuits calmes d'été, le mont Blanc est une méduse. Avant l'aube, de longs filaments luminescents remontent doucement vers le dôme blafard qui lui sert de tête. Ces fils de lumière sont les lampes frontales de centaines de marcheurs, de guides, d'alpinistes. Chacun monte, les poumons douloureux, grommelant dans sa langue des pensées plus ou moins lucides, hypnotisé par le grincement des crampons sur la trace. La somme de ces quêtes minuscules dessine, aux passages clés, trois quasi-sentiers que les guides retrouvent après chaque tempête, et qui convergent à 4 810 mètres d'altitude.

Dans la nuit, ces voies ressemblent à des tentacules – éphémère constellation de la Méduse.

Sous chaque frontale-étoile, il y a une mécanique de désir, un petit ressort personnel remonté à bloc, objectif le « toit » de l'Europe occidentale.

Selon les conditions, on s'offrira quelques secondes ou une heure sur ce faîte orné cet été de drôles de corniches qui ressemblent aux chicots d'un monstre prognathe (d'autres y ont vu une demi-poire, un dos de carpe ou d'âne, une échine de dinosaure…). Là-haut, chacun fait selon sa culture, bise, photo, film, *tweet*, accolade ou poignée de mains. Certains déploient des drapeaux ou dispersent des cendres. Un guide a vu son client enfouir dans la neige la dent d'un être cher.

Que cherchent-ils, ces pèlerins du monde entier qui piétinent vers le sommet de Babel ? Combien sont-ils quand la météo le permet ? Sans doute une centaine sur chacune de ces voies classiques, et quelques dizaines sur les itinéraires plus difficiles : 25 000 par an, a calculé à la louche François Damilano, auteur d'un guide décrivant toutes les voies vers le sommet. En trois jours de beau temps, le mont Blanc peut recevoir un millier de visiteurs, soit presque autant que pendant tout le premier siècle d'ascensions.

Drôles de paradoxes. On vient aujourd'hui au mont Blanc en rêvant aux derniers arpents perchés d'une nature vierge, aussi hostile qu'à l'âge de bronze. Mais on y vient en masse. On se croit protégé par le nombre face aux forces de la Création – foudre, vent, crevasses, avalanches. Mais à l'instant où les éléments se déchaînent, on est seul comme Ötzi dans ses glaces. Seul comme quand l'armée tire sur la foule.

*

Le mont Blanc est une épreuve. C'est une course peu difficile techniquement, mais longue et éprouvante. La foule en Gore-Tex se met en route entre minuit et trois heures du matin, depuis deux refuges modernes, gardés en été : les Cosmiques, proche de la gare d'arrivée du téléphérique de l'aiguille du Midi, et le nouveau refuge du Goûter, étonnant ovoïde posé au bord d'une arête, à 3 835 mètres d'altitude. Ensuite, il faut marcher longtemps : ça tombe sous le sens ? Pas si évident. Si l'histoire avait tourné autrement, on arriverait aujourd'hui au sommet… en tramway. Ce fut un projet très sérieux à la fin du XIXe siècle, quand le mont Blanc était à la moitié de son âge et que son ascension commençait à se banaliser.

Dans ces années, un homme étend l'emprise de la civilisation sur la montagne : Joseph Vallot qui, plus que tout autre, mérite le titre de « pionnier » du mont Blanc. Botaniste comme Saussure, il tombe sous le charme de ce royaume du minéral (il parviendra cependant à observer des lichens à quatre pattes sous des rafales de vent, à 4 400 mètres d'altitude). Vallot, c'est un savant. Il mesure, décrypte, jette les bases de nouvelles disciplines scientifiques. En 1887, il campe trois jours et trois nuits sur le sommet et contredit les pronostics : il ne meurt pas.

Fort de cette première victoire, Joseph Vallot finance sur sa fortune familiale la construction d'un observatoire à 4 365 mètres, alors le plus haut du monde, qui porte toujours son nom. L'arête des Bosses devient la colonie du savant au casque de liège. Dans sa cabane où, sur les conseils de l'explorateur polaire Fridtjof Nansen, il a installé un douillet salon oriental, Vallot explore une nouvelle frontière de la physiologie, épuisant pour la science des poulets, des cochons d'Inde et même un jeune médecin qui meurt d'un œdème pulmonaire de haute altitude. Il invente la glaciologie moderne et, quand le vent se lève, sort avec son anémomètre mesurer les tourbillons de la tempête.

Vallot habite le mont Blanc : il passe plus d'un an de sa vie au-dessus de 4 000 mètres d'altitude. Chamonix le fait citoyen d'honneur.

*

Pendant ce temps-là, le tourisme décolle. Les riches Anglais, presque seuls candidats aux premières ascensions, ont fait école. On se bouscule dans les Alpes et tout le monde réfléchit (déjà) au moyen d'acheminer les touristes plus haut, plus vite, en allégeant leur portefeuille. Avantage suisse : en 1898, un train à crémaillère grimpe de Zermatt au Gornergrat, à 3 100 mètres d'altitude.

Joseph Vallot estime que la France ne doit pas rester à la traîne du « mouvement de conquête industrielle des grandes cimes ». Il dessine un tracé de chemin de fer souterrain qui partirait de la vallée de Chamonix pour déboucher sur une gare-hôtel à 4 600 mètres d'altitude. Mais aussitôt, un projet concurrent se dessine sur les terres voisines de Saint-Gervais : il s'agit aussi d'atteindre le mont Blanc, mais à l'air libre, pour l'agrément des touristes. Ce projet si important pour l'avenir du mont Blanc a été défendu en 1905 dans la revue *Le Génie civil* par le lieutenant-colonel Espitallier, par ailleurs spécialiste du « Rôle de l'ingénieur colonial ». Cet obscur apôtre du béton armé s'enthousiasme pour les « ceintures d'acier qui marquent l'asservissement de la montagne domestiquée ». Il n'a pas plus d'états d'âme qu'un énarque : « Chaque fois qu'il s'agît de civiliser ainsi la montagne, les mêmes objections se dressèrent devant les téméraires pionniers – objections esthétiques, techniques, scientifiques, qui s'évanouissaient bientôt devant le succès du fait accompli, mais pour renaître aussi violentes devant toute nouvelle tentative ».

La bagarre est lancée. Joseph Vallot, comme une furie, appelle Chamonix à la lutte contre Saint-Gervais : « Nous avons trouvé la route du mont Blanc, nous avons exploré la montagne, nous y avons conduit les voyageurs depuis plus d'un siècle ; ses glaciers sont jonchés de nos morts : le mont Blanc est à nous, c'est la tombe des nôtres ! »

C'est finalement… le Conseil d'État qui arbitre cette première guerre picrocholine, en faveur du tracé de Saint-Gervais. Les travaux du tramway du mont Blanc démarrent en 1906 et durent sept ans.

L'exploitation de la ligne ne sera qu'une suite de désillusions pour ses promoteurs, l'électrification s'est fait attendre un demi-siècle. Le tramway du mont Blanc n'est jamais arrivé à l'aiguille du Goûter, sa première étape. Il s'arrête toujours en pleine pente, au Nid d'Aigle (2 380 mètres) : l'arrêt « provisoire » atteint pour la première fois il y a cent ans et d'où partent toujours, à pied, la majorité des postulants au mont Blanc.

Joseph Vallot a vengé les Chamoniards. Il a conçu le premier projet de téléphérique de l'aiguille du Midi – qui verra le jour trente ans après sa mort, en 1955. Ses cabines propulsent chaque année des centaines de milliers de touristes à 3 800 mètres, sans que personne, à part quelques alpinistes ronchons, ne trouve à redire à ce « fait accompli ».

Chapitre 7

Sur la terre comme au ciel

Le Terrien qui veut grimper dans le ciel s'aidant du mont Blanc a deux points communs avec le passager d'un vol long-courrier. Le premier, c'est qu'il doit être capable de faire descendre un petit déjeuner dans un estomac endormi. En route pour le mont Blanc, on se lève généralement quand le citadin se couche. Il y a une heure d'animation chuchotée et de tartines mâchouillées, d'éblouissements de lampes frontales et de jurons contre les gants perdus ou les crampons déréglés. Mais, à trois heures du matin, le calme est revenu dans les deux grands refuges-ports d'attache du versant français, et les files lumineuses s'étirent dans l'obscurité.

Ces départs à des heures ingrates sont le prix à payer pour éviter la montagne l'après-midi, quand la chaleur ramollit la neige, fragilise les ponts au-dessus des crevasses et fait bourgeonner les cumulus.

Les crampons chantent, la neige dure porte bien, et l'on a le privilège d'être témoin de la naissance d'un jour. Les étoiles pâlissent, les lueurs timides reflétées par la neige passent du cobalt à l'émeraude, puis remontent toutes les nuances du prisme. Le soleil, qui s'était couché flemmard, se relève vite, en pleine forme, pressé de vous réchauffer.

L'aube en montagne, c'est une beauté dont on s'imprègne en marchant. À moins d'être photographe ou de sacrifier aux dieux, on n'a pas le temps de s'arrêter pour l'admirer. Mais sur l'arête des Bosses, la voie la plus fréquentée vers le mont Blanc, il y a un bonus qui scotche sur place plus d'un marcheur. À l'instant où le disque solaire apparaît du côté du Cervin, l'ombre du mont Blanc est projetée vers l'occident. C'est un cône parfait, bleu pourpre, qui survole les crêtes des Aravis pour aller se ficher sur l'horizon brumeux, du côté de la plaine lyonnaise ou même au-delà.

Cette ombre, qui semble trop grande pour être vraie, révèle la forme du mont Blanc, pyramide d'une grande pureté de lignes. Vu de près, c'est tout sauf évident : de Chamonix, presque 4 000 mètres sous le sommet, la montagne bouche la moitié du ciel. Côté italien, une muraille de granit écrase Courmayeur. Depuis les belvédères du lac Blanc ou des aiguilles Rouges, on dirait un Zeppelin de glaces, une baudruche diaphane menacée par les aiguilles de granit acéré qui l'entourent.

Quand on s'élève sur ses pentes, on ne voit pas plus le mont Blanc que la mouche ne voit l'éléphant qu'elle asticote. Si l'on pouvait se projeter à la pointe du cône d'ombre, on verrait une énorme pyramide qui frôle les 16 000 pieds, une altitude où croisent les jets en approche vers Lyon ou Genève.

Le second point commun entre l'alpiniste et le passager d'un vol long-courrier, c'est qu'ils habitent un monde sans frontières. Sur l'espéranto des cartes aéronautiques, le mont Blanc s'appelle MOBLO. Mais la comparaison s'arrête là. L'alpinisme est une activité beaucoup plus risquée que le transport aérien. Statistiquement.

*

Le 3 novembre 1950, la neige tombe en abondance sur les Alpes du nord. Un Constellation d'Air India en provenance de Bombay descend vers

Genève, sa dernière escale. L'avion transporte un équipage de trente-neuf marins indiens qui doivent embarquer sur un cargo à Londres.

Lorsque la tour de contrôle de Genève le prend en charge, le quadrimoteur a légèrement dévié de sa route et vole trop bas, à 14 500 pieds. Alerté, le pilote Allan Saint, un as de la Royal Air Force, signale qu'il rectifie sa route et remonte vers les 15 400 pieds réglementaires, puis le contact radio est coupé. Deux jours plus tard, les nuages se déchirent. L'aile du *Malabar Princess* est repérée tout près du sommet du mont Blanc, sous les rochers de la Tournette à 4 700 mètres d'altitude (15 400 pieds). Il n'y a aucune trace de vie.

Dans *France Dimanche*, Roger Frison-Roche raconte que l'avion est venu « se ficher comme un obus dans la vertigineuse arête qui sépare la France et l'Italie, creusant un ravin où la glace est mise à nu ». Depuis la pénombre de la vallée, l'auteur de *Premier de cordée* observe aux jumelles la progression des secours : « Là-haut, le soleil règne encore en maître et fait miroiter les plans métalliques ».

Une caravane de guides se met en route de Chamonix, mais René Payot est enseveli par une avalanche. Cinq jours après le crash, ceux de Saint-Gervais arrivent sur les lieux. Ils ne trouvent que des fragments de corps mutilés, figés par le gel.

L'Agence France-presse diffuse une information qui enflamme les imaginations : « De source officieuse anglaise, on apprend que le Constellation Bombay-Londres transportait, outre ses passagers, une cargaison de lingots d'or d'une valeur d'une centaine de millions… »

*

Il est infiniment improbable que deux avions de la même compagnie s'écrasent exactement au même endroit à seize ans d'intervalle. Mais possible. Le 24 janvier 1966, toutes les Alpes du nord sont sous les nuages. Un Boeing 707 d'Air India en provenance de Bombay disparaît des écrans radar quelques minutes avant son arrivée à Genève. Le scénario ressemble à un plagiat : le jet volait trop bas et a percuté les rochers de la Tournette, à quelques dizaines de mètres du crash de 1950. Aucun des cent dix-sept passagers et membres d'équipage n'a survécu. Mais cette fois, une Alouette 3 a pu se poser le jour même à 4 700 mètres d'altitude, au milieu de l'immense champ de débris, un premier corps a été redescendu à Chamonix.

Entre les deux catastrophes, la France s'est dotée d'un secours en montagne moderne, professionnel, confié à la gendarmerie et utilisant de plus en plus l'hélicoptère. L'ancienne organisation, qui reposait sur le bénévolat des guides, s'est autodétruite lors d'un final tragique à la Noël 1956 : Jean Vincendon et François Henry, cloués par la tempête sous le sommet du mont Blanc, ont agonisé plusieurs jours, bien visibles de Chamonix où les journalistes les observaient au télescope. Le drame a culminé lorsqu'un gros hélicoptère Sikorsky s'est écrasé juste à côté des deux jeunes naufragés. Une fois de plus, non loin des rochers de la Tournette…

*

Le glacier des Bossons broie ces trois épaves dans un même froissement de métal comme il avait écrasé les trois guides du docteur Hamel. Pentu et rapide, il coule toujours en quatre décennies jusqu'aux abords du porche d'entrée du tunnel du

Mont-Blanc. On retrouve les miettes du *Malabar Princess* et du *Kangchenjunga*, enchâssées dans la glace translucide ou baignant dans l'eau de fonte. Des morceaux de fuselage, des membres humains, des roues, un moteur, un sac de valise diplomatique.

On trouve aussi autre chose, car ces histoires nées près du Toit de l'Europe parlent à notre imagination : deux romans dont un d'Henri Troyat devenu film hollywoodien, une lettre d'Amélie Poulain distribuée avec quarante ans de retard, un film avec Jacques Villeret. Ou ce printemps, le dernier roman de Marc Lévy, *Un sentiment plus fort que la peur*. Dans la première édition de *Tintin au Tibet*, l'avion de Tchang qui s'écrase dans l'Himalaya était un quadrimoteur d'Air India. La compagnie ayant protesté, Hergé l'a rebaptisé Sari Airways dès la première réédition.

Le mont Blanc est doué pour la fiction. Certains ne croient pas à ses hasards. Le *Kangchenjunga*, baptisé du nom du point culminant de l'Inde, s'écrase sur le point culminant de l'Europe occidentale. Il transporte Homi Jehangir Bhabha, père du programme nucléaire indien. En 1970, René Desmaison entraîne des caméras de l'ORTF sur le site du crash. Il cherche les débris d'un avion de chasse italien. Les a-t-il trouvés ? L'hypothèse a de fervents partisans dans la vallée.

Au début de l'été 2013, un jeune randonneur a retrouvé un sac de bijoux, qu'il a déposé à la gendarmerie.

Un coup de vent jamais n'abolira le hasard.

Chapitre 8

Atterrissages au sommet

Au mont Blanc, le corps parle un langage universel. Il aspire comme un cachalot revenu des profondeurs. Le nez picote, les lèvres craquent, les tempes bourdonnent un peu. L'horizon s'ouvre, comme un livre qu'on regarderait sans bien comprendre. Les yeux reviennent sur les chaussures qu'on soulève l'une après l'autre. J'ai vu un ami fredonner des mantras pour donner du sens à ce final monotone.

Au-dessus de 4 000 mètres d'altitude sur le versant nord, le mont Blanc est un monde en soi qui vous renvoie à vous-même. On découvre une autre montagne, perchée sur la lune, qu'on peut enfin embrasser d'un regard. Flottant sur le ciel profond, le dôme de glace est comme la coque renversée d'un navire dont la quille serait l'arête sommitale. Incurvée autour du champ de glace raide où les premiers ascensionnistes se faufilaient, elle dessine une arabesque reconnaissable de loin depuis le sud.

Les grandes voies du versant italien remontent des fils de glace et de rocher qui convergent au mont Blanc de Courmayeur, à 4 750 mètres d'altitude. Elles vous épuisent et vous occupent jusqu'au bout. Mais, sur les deux itinéraires classiques, les Trois-Monts et l'arête des Bosses, les dernières heures d'ascension ne comportent pas de grandes difficultés techniques. Au rythme hypnotique de la marche, les pensées ont le temps de s'échapper ou de tourner en rond, parfois embrumées par un reste de migraine de la nuit car on dort mal au refuge des Cosmiques (3 500 mètres), et souvent pas du tout au Goûter (3 800 mètres).

Maintenant, vous en avez plein les bottes de ces dos-d'âne qui n'en finissent pas. Les cordées qui descendent vous encouragent ou vous agacent avec leur pas allègre. « S'ils sont plus de quatre sur une corde, ce sont des Russes », dit un expert. Vous avez vu deux auréoles de vomi gelé au bord de la trace. Plus soif, plus trop faim, peut-être un peu de nausée ? C'est normal, comme neuf Terriens sur dix, vous vivez près du niveau de la mer.

Votre organisme manque de globules rouges pour capter l'air raréfié, un tiers moins lourd à 4 800 mètres qu'à zéro. Au bout de douze heures, il enclenche le mécanisme d'acclimatation qui, en quelques jours, vous permettrait de vivre bien à cette altitude. Parfois ce mécanisme a des ratés et le corps se rebiffe : migraine, insomnie, perte d'appétit, nausée, etc. Si ces symptômes, classiques, dépassent un certain « score » que les gardiens des refuges du mont Blanc connaissent bien, vous êtes peut-être victime du mal aigu des montagnes (MAM). Deux de ses formes peuvent être fatales : l'œdème pulmonaire ou cérébral. Dans ce cas, le seul traitement est la descente, la plus rapide possible, à pied, en hélico ou, sans bouger du refuge, dans un caisson hyperbare.

La réaction à l'altitude est imprévisible, elle ne dépend en rien de l'entraînement ou de la forme physique : c'est une loterie physiologique. La seule façon de savoir qu'on n'a pas tiré le mauvais lot, c'est d'aller voir.

*

George Mallory, en 1911, approche du sommet du mont Blanc. Il décrit ce moment en parlant de lui à la troisième personne : « À mesure qu'ils avançaient, il ne sentait plus l'appel de la lutte. Il était calme et un peu sceptique. Il commençait à craindre une déception, le désappointement du but atteint. N'était-ce pas, comme pour une tartine de confiture, la dernière bouchée de pain sec ? L'aventure n'était-elle pas terminée et ne s'agissait-il plus que d'une fatigue déprimante ? Il trouvait une réponse à son doute dans le seul fait de planter solidement ses pieds. » Au sommet, la joie est retrouvée. « Avons-nous vaincu un ennemi ? Aucun sauf nous-mêmes. Avons-nous gagné un royaume ? Non, et si, pourtant. Nous avons atteint à une satisfaction complète, accompli une destinée. Lutter et comprendre, jamais l'un sans l'autre, telle est la loi. »

Mallory écrit quatre ans après cette ascension, en pleine guerre. Il dit qu'en montagne, il n'y a pas de victoire. C'est son dernier récit alpin. La paix revenue, l'Everest devient son obsession.

Il y disparaît en 1922, tout près du sommet. A-t-il senti sa joie se dérober à l'approche du but ? S'est-il éteint dans les brouillards de l'hypoxie ? Un homme, à 7 000 mètres d'altitude, regardait Mallory et Irvine dans sa lunette, comme Gersdorf avait regardé Balmat et Paccard arriver au sommet. Mais, cette fois, un nuage a mangé les alpinistes.

Ont-ils atteint le toit du monde ? Le corps de Mallory, retrouvé en 1999, n'a pas livré ce secret.

*

Enfin la trace fléchit. Un dernier arrondi de l'arête, des gens arrêtés, assis. Vous êtes à plus ou moins 4 810 mètres d'altitude, posé sur une calotte de glace dont l'épaisseur varie au gré des tempêtes. Le rocher est à une vingtaine de mètres sous vos pieds, à 4 792 mètres.

Ce sommet, qu'en retiendrez-vous ? Une embrassade ? Un goût d'accompli, au bout de l'effort ? Si les conditions sont dures, la vallée vous appelle et vous restez peu ; la mémoire revisitera et embellira l'instant dont le stress vous a privé. Vous reverrez tout, sauf sans doute le paysage : la vue à 360°, avec plusieurs centaines de sommets alpins écrasés par la perspective, est trop riche. Vous auriez pu voir le Massif central, le Jura et même parfois les Vosges, pourquoi donc n'y avez-vous pas pensé ?

*

Combien y a-t-il de façons d'arriver au sommet du mont Blanc ? On pourrait demander à M. Guinness la liste des records plus ou moins idiots depuis que, en 1890, l'astronome arthritique Janssen s'est vanté d'être le premier à y parvenir sans effort, porté par des guides sur une chaise échelle, et « le seul à ce jour à y avoir joui de toutes ses facultés intellectuelles ».

On est monté au mont Blanc à moto, à vélo, en baskets. Personne n'a été plus vite que Kilian Jornet : le 11 juillet 2013, le prodige catalan a mis moins de cinq heures pour faire l'aller-retour depuis la place de Chamonix. Zidane y a marqué un but dans la lucarne d'une cage de foot hélitreuillée pour l'occasion ; Giscard est descendu à ski ; Adriana Karembeu a joué les cobayes du mal des montagnes. Et un pianiste y a donné un récital retransmis en direct un soir de fête de la musique : celui-là au moins n'a pas caché s'être fait aider par l'hélicoptère…

Depuis dix ans, il existe une façon révolutionnaire d'arriver *by fair means* au sommet du mont Blanc. Le 13 août 2003, sept pilotes de parapente se sont posés au sommet après avoir décollé de sites proches de Chamonix, Megève et Samoëns. En cet été caniculaire, ils ont profité des puissants courants ascendants pour atteindre l'altitude de 5 200 mètres et redescendre sur le sommet, où ils ont partagé un bout de saucisson.

Dix ans après, ce vol extraordinaire s'est presque banalisé. Le 19 août 2012, canicule encore : plus de deux cents parapentistes ont réussi le rêve de leur vie, et plusieurs l'ont mis sur Youtube. La bande-son reprend leurs gloussements de plaisir en *live* ou fait donner Vangelis et Wagner pour la chair de poule. Tout paraît simple. On « enroule des thermiques », le variomètre bipe quand ça monte, on vient frôler le relief exposé au sud pour chercher les courants ascendants. Le temps était radieux, sans un nuage, les conditions tellement exceptionnelles que « ça montait partout », disent ceux qui ont eu la chance d'en être.

On longe ainsi la sauvage arête du Tricot jusqu'à la belle aiguille de Bionnassay, puis on musarde le long des à-pics du versant italien jusqu'à l'arête du Brouillard. Ça continue à « pomper », on s'habille avant de dépasser les 5 000 mètres d'altitude… Nous voici maintenant plusieurs centaines de mètres au-dessus du sommet. Le mont Blanc ressemble à une banale dune blanche où volettent à perte de vue des papillons multicolores. « C'est parti pour le *glide* final. » Les pilotes se croisent à se frôler, se posent les uns après les autres dans la neige molle. Ils sont tous souriants, détendus, ils ont l'air de se pincer pour y croire. Ils font une photo de groupe et redécollent.

L'histoire de cette journée particulière ne s'arrête pas là. Sept parapentistes ont poursuivi l'incroyable randonnée aérienne par un tour complet du massif, survolant les Grandes Jorasses, l'aiguille Verte, le Dru… C'est un été sec, les parois rocheuses sont vierges de neige. On aimerait se laisser porter par l'enthousiasme, mais cette montagne manque de glamour : filmée de haut avec une petite caméra grand-angle, elle semble sèche, distante, aplatie. Un rêve envolé ?

*

Si l'on peut monter au mont Blanc sans effort physique, suspendu à quelques caissons de nylon, ce point de glace perché dans l'espace va-t-il perdre de son attrait ? François Damilano n'y croit pas. Ce guide, devenu éditeur, publie depuis dix ans les topo-guides les plus complets sur le demi-millier de voies d'escalade sillonnant le mont Blanc et ses satellites. Il s'est souvenu de Barthes lu pendant ses années de socio et a proposé à une vingtaine d'auteurs de contribuer à ses *Mythologies alpines*. C'est son dada : « Ce qui fait du mont Blanc une montagne emblématique, c'est le mythe de l'altitude, magnifié par la littérature ».

Sur le film tourné par l'un des parapentistes, on repère quelques silhouettes incongrues qui approchent du sommet. Filmés du haut, ils ont l'air de simples piétons. Mais projetons-nous dans leur tête et dans leur corps : il faudra davantage qu'un parapente tombé du ciel pour que, à cet instant, l'inutilité de leur quête leur apparaisse.

Chapitre 9

Les gendarmes et les valeurs

Cet après-midi d'août 1997, le Grand Couloir avait son visage des mauvais jours. Une mince bande de neige molle et sale serpentait entre deux crêtes de rochers noirs qui sentaient la poudre. Pour sécuriser le passage le plus dangereux de la voie normale du mont Blanc, les guides de Saint-Gervais avaient tendu un câble en travers du couloir, mais la neige avait fondu et il était trop haut, hors de portée.

Une file de marcheurs partis le matin par le premier tramway faisaient la queue sur le sentier bien tracé qui conduit en bordure du couloir : à vue d'œil, l'ordinaire des touristes venus se mesurer au mont Blanc – quelques-uns accompagnés de guides.

Ce jour de fin d'été, j'ai entendu des cris sur la rive opposée : une salve de pierres descendait le couloir. J'ai vu une demi-douzaine de marcheurs s'arrêter tout près de l'axe du couloir, paralysés par la trouille. Quelqu'un leur a crié en français de ne pas rester là, mais quelle langue parlaient-ils ? Ils n'ont pas compris, ils ne savaient pas. Ils sont restés immobiles, épaule contre épaule, alignés comme des quilles au bowling.

La chute de pierres est, avec la chute tout court, un des cauchemars de l'alpiniste. On a le temps de voir venir le danger, on se sent la cible d'un mitrailleur fou. La bonne réaction est contre-intuitive : il faut courir à l'abri en regardant l'ennemi en face pour tenter de l'éviter.

Une première salve de pierres est passée. Puis aussitôt après, une seconde, plus désordonnée. Nous sommes une centaine à avoir vu une silhouette basculer lentement au milieu de la file. Entraîné par son gros sac à dos, l'homme a roulé dans la pente raide, sans un geste de défense. Son corps a fait plusieurs bonds avant de s'immobiliser. Un quart d'heure plus tard, un hélicoptère bleu a treuillé son cadavre. C'était un père de famille italien de 45 ans, ça aurait pu être un étudiant suédois ou un maçon tchèque. Il aurait suffi qu'il sache…

Cet accident absurde m'avait choqué. J'avais interviewé à l'époque les responsables des guides de

Chamonix et de Saint-Gervais. L'un m'avait parlé, sarcastique, d'un projet de tunnel – « un truc de rêveurs, quand on imaginait d'envoyer un train au sommet du mont Blanc ». L'autre espérait améliorer le câble de protection l'été suivant. Tous les deux étaient d'accord : sécuriser le passage encouragerait des gens pas préparés à s'aventurer en terrain hostile, les accidents se produiraient plus haut. Imaginer un quelconque aménagement vers l'aiguille du Goûter était sacrilège.

Il y a quatre ans, Paul Petzl, patron de l'entreprise familiale de matériel de montagne, a été le proche témoin d'un accident dans la traversée du Grand Couloir. Il a fait étudier par sa fondation un projet de passerelle « himalayenne », qui s'est révélé insuffisant – dominant de 26 mètres le lit du couloir, elle resterait à portée de certains projectiles. L'hypothèse d'un tunnel, plus cher, est dans les cartons. L'ex-journaliste Philippe Descamps, secrétaire général de la fondation Petzl, a épluché les archives de vingt ans d'accidents dans la montée à l'aiguille du Goûter. Depuis 1990, soixante-quatorze personnes sont mortes ici, la moitié dans les 100 mètres de la traversée du Grand Couloir.

Huit victimes sur dix sont des étrangers. Chaque été, mille personnes sont confrontées directement à des chutes de pierres.

*

Jean-Marc Peillex, maire (UDI) de Saint-Gervais-les-Bains, est un capitaine énergique pour sa commune qui culmine à 4 810 mètres depuis qu'une bizarre enclave lui a été attribuée autour du sommet en 1946, empiétant sur le versant italien. Il aime s'exposer et a fait de la lutte contre la surfréquentation du mont Blanc une croisade personnelle.

« Jean-Marc Peillex défend les guides de Saint-Gervais, dit le cinéaste Bernard Germain, qui a réalisé un film sur le refuge du Goûter. Son problème, c'est d'éviter que le mont Blanc se mondialise. Je n'aimerais pas être à sa place. »

Jean-Marc Peillex estime que la voie normale de l'arête des Bosses est « une propriété privée de la commune, et pas du domaine public ». L'été dernier, il a retardé l'ouverture du nouveau refuge du Goûter, estimant la sécurité insuffisante. Cette année, il est parti en guerre contre le camping dans le massif, « illégal dans ce site classé ». Il a obtenu le soutien du préfet, qui a pris un arrêté et mandaté des gendarmes pour le faire respecter. Une petite guérite a été posée sur un passage stratégique de la voie d'ascension : juste en dessous… de la traversée périlleuse du Grand Couloir.

Lorsqu'on lui demande ce qu'il pense des dangers du Grand Couloir et de l'enquête de la fondation Petzl, Jean-Marc Peillex laisse éclater sa colère : « Soixante-quatorze morts en vingt ans ? C'est de la désinformation, du mensonge. Je le sais, c'est moi qui les enterre ! » Il y a, estime-t-il, « un mort ou deux » chaque année dans la montée au refuge du Goûter. « Ce sont des touristes qui chutent parce qu'ils ont des sacs de 30 kilos sur le dos. Les chutes de pierres ne tuent pratiquement plus personne. » Il estime que la construction d'un tunnel poserait des problèmes insolubles à cause des normes de sécurité.

Pour l'édile en colère, le combat est ailleurs. Il énumère ses ennemis : le *business*, Paul Petzl qui « ne pense qu'à faire de l'argent », le « laxisme de la liberté » qui ferait du massif une zone de non-droit… « Quelques alpinistes égoïstes veulent nous faire croire que la montagne est un espace de liberté. Mais le mont Blanc, c'est un mois de Smic, c'est un espace de *business*. C'est Madame Allibert et Monsieur Terre d'Av qui font la loi. Il y en a assez de ces marchands du temple. »

Les accusations de M. Peillex semblent exagérées. Certes, la moitié environ des candidats à l'ascension utilisent les services d'un guide, mais le mont Blanc est loin d'être un jackpot : les trois principales agences de trekking le proposent pour environ 1 000 €, mais elles totalisent moins de deux cents clients par an (soit environ 1 % des prétendants), et deux au moins perdent de l'argent, estime Christophe Raylat, ancien responsable de Stages Expéditions.

« Le maire de Saint-Gervais stérilise les débats, résume Philippe Descamps, amer. On aimerait parler ensemble, calmement, du bon et du mauvais risque. Ça désespère tout le monde ! Face aux accidents, on fait la politique de l'autruche. On détourne l'attention sur un problème mineur, le camping, alors que l'interdiction du bivouac n'a aucun fondement juridique. C'est un constat d'échec pour la communauté montagnarde… »

*

Seize ans après l'accident dont j'ai été témoin, rien n'a changé au Grand Couloir. Début juillet, la neige limite le risque de chute de pierres. Le câble est toujours haut perché, un pictogramme sur un petit panneau indique la bonne façon de s'y longer. La seule nouveauté, c'est cet œuf de plastique jaune posé sur la neige une centaine de mètres plus bas : une guérite de gendarmes.

Tout l'été, sur ordre du préfet, elle abrite un binôme en bleu. L'homme de faction visible ce jour-là est athlétique, bronzé, souriant, amateur de parapente et plein de questions techniques pour le photographe Pascal Tournaire, mon compagnon de cordée. Il est prêt à remplir avec bonne volonté sa mission courtelinesque : aborder le passant se dirigeant vers le haut pour lui signifier qu'il est interdit de camper dans ce site classé, mais pas de monter une tente dans son sac... Compris ? Circulez.

David Ravanel, président de la Compagnie des guides de Chamonix, démonte calmement la perversité du dispositif : « Le gendarme a vérifié que vous étiez bien équipé, que vous n'aviez pas de tente et que vous avez réservé au refuge, il vous a dit que vous pouviez y aller. Et cent mètres plus haut, vous êtes victime d'une chute de pierres. Que se passe-t-il ? Vous vous en êtes remis à une autorité extérieure, qui est responsable ? » Et l'héritier d'une dynastie de guides conclut : « Si l'on n'accepte pas la responsabilité individuelle, la prise de risque, on peut interdire l'alpinisme ».

Chapitre 10

Le refuge ovni

On dirait un message crypté de Radio Londres. « Le préfet nous a dit : “pas de spaghettis bolognaise pour ceux qui n’ont pas réservé” ». Lundi 1er juillet 2013, Jean-Pierre Crestia est attablé dans le réfectoire du nouveau refuge du Goûter, qui accueille ses premiers visiteurs depuis deux jours. Il est mandaté par le Club alpin français pour gérer ce bâtiment futuriste, capable d’accueillir cent vingt citoyens du monde à 3 835 mètres d’altitude sans consommer d’autre énergie que celle de ses panneaux solaires. Le représentant du CAF est sous pression. Le refuge ne doit pas dépasser sa capacité d’accueil de cent vingt places. « Le maire de Saint-Gervais m’a dit : “si c’est plus, on ferme !” » Jean-Marc Peillex a montré l’an passé qu’il mettait ses menaces à exécution en prenant un arrêté de fermeture du refuge après un incident bénin ; l'ouverture a pris presque un an de retard.

Il s'est trouvé un allié en la personne de Jean-François Carenco, préfet de la région Rhône-Alpes. Monsieur le préfet a le sens de la formule. Quelques mois plus tôt, il avait menacé d'euthanasier deux éléphantes tuberculeuses du zoo de Lyon en se comparant à Rataxès, le roi des rhinocéros ennemi de Babar. Et déjà, à la fin de l'été caniculaire de 2003, alors préfet de Haute-Savoie, Carenco avait interdit l'accès au refuge du Goûter, au scandale de la communauté des alpinistes.

En ce début d'été, l'invasion du mont Blanc est une cause nationale. Il faut arrêter les hordes de touristes en chapeaux de paille qui courent à leur perte, des Polonais portant des sacs plus hauts qu'eux, des Coréens en tongs entassés dans des campings de quatre-vingt-dix tentes. Ce ne sont pas des images que j'invente, elles ont été brandies par des élus et des responsables qui se sont donnés pour mission d'arrêter l'invasion.

Le vieux refuge pourri conçu il y a cinquante ans pour cent personnes en accueillait deux fois plus les beaux jours de juillet et août (sur et sous les tables du réfectoire). Le voilà remplacé par un palais écolo de cent vingt places et pas une de plus. Ce jour-là, des caméramen filment les quatre étages du beau bâtiment ovoïde : le réfectoire lumineux qui sent le pin frais, les dortoirs aux cloisons ajourées où des veilleuses bleutées se déclenchent aux mouvements des dormeurs. M6 est là, l'AFP, France Télévision. Tout le monde a l'air d'avoir toujours su qu'on est dans un « ERP », un Établissement recevant du public, autrement dit un endroit beaucoup plus sûr qu'un simple refuge de montagne.

Il y a quelques ratés de rodage : l'isolation est parfaite, mais le refroidissement pas encore au point : la température doit friser les 30 °C dans le dortoir du haut. Le fondoir à neige est encore en test, il n'y a pas d'eau dans les salles d'eau. On va au rez-de-chaussée voir le système de traitement d'épuration copié sur celui des sous-marins. Il y a des prises partout pour recharger son téléphone. Tout sourire, la gardienne Amélie Faure distribue des bracelets de papier vert fluo où elle inscrit le nom des visiteurs… s'ils ont réservé. On se surprend à épier les intrus démunis de bracelet vert.

*

Jean-Pierre Crestia descend dans la salle d'accueil où les alpinistes déposent leur matériel et troquent leurs « grosses » contre des Crocs. Sa mission : expliquer aux arrivants que le refuge est complet. S'ils n'ont pas réservé, ils peuvent dormir ici, sur le sol un peu humide, mais il leur en coûtera 90 €, le prix d'une nuitée en demi-pension... sans la demi-pension. Pas de spaghettis bolognaise pour ceux qui n'ont pas réservé, a dit le préfet Rataxès.

Certains refusent de payer – « mais on ne va tout de même pas faire monter les gendarmes », commente l'homme du Club alpin. D'autres remballent leurs affaires ; un jeune couple part avant qu'il ne soit trop tard vers le refuge Vallot, à 4 300 mètres d'altitude – ça tombe bien, la météo est belle ce soir. Jean-Pierre Crestia rappelle que tout le monde a été prévenu en chemin par les gendarmes et se justifie : « Ces Américains, ces Russes, ils ont les moyens de se payer un billet d'avion pour venir faire le mont Blanc, mais ils ne pourraient pas payer 90 € pour passer la nuit ici ? » Il espère que le geste sera dissuasif : « Là-bas, ça va vite faire le tour des réseaux sociaux »...

En attendant d'atteindre le fond de la Russie, la nouvelle de cette entorse à la tradition d'accueil des refuges parvient à Chamonix, où elle agace.

*

La surfréquentation du mont Blanc n'est pas une blague. Tous les alpinistes, guides, gendarmes, qui réfléchissent un peu sont préoccupés par le problème. En gros, tous sont d'accord pour dire qu'il faut limiter l'afflux d'un public de marcheurs « aux pieds ronds », les arpenteurs de bitume qui n'ont jamais chaussé de crampons ; pour les dissuader de se ruer sur le mont Blanc sans avoir goûté au préalable à une ou deux courses plus faciles. Tous sont conscients que la présence de la foule risque d'alourdir le bilan en cas d'accident.

Ensemble, ils ont édité une brochure dense en neuf langues reprenant le slogan lancé il y a quatorze ans par Blaise Agresti, alors à la tête du Peloton de gendarmerie de haute montagne : « Réussir le mont Blanc, une affaire d'alpinistes ». Elle commence ainsi : « Pour nous alpinistes qui venons parfois de loin pour le gravir, le mont Blanc représente beaucoup plus qu'un sommet : un rêve, un mythe ».

*

De Genève, les jours clairs, on voit le mont Blanc flotter sur l'horizon comme un trois-mâts. C'est là que notre histoire commence, lorsque Horace-Bénédict de Saussure, le premier, désire la belle montagne. Deux siècles et demi plus tard, l'architecte Hervé Dessimoz regarde les trois sommets matin et soir de son bureau de Meyrin en banlieue de Genève. Mont Blanc du Tacul, mont Maudit, mont Blanc. S'il prend ses jumelles, il peut maintenant voir un éclat argenté briller au-dessus des crêtes, au sommet de l'aiguille du Goûter. Et, si la journée est belle, il saute dans sa Porsche, prend les commandes d'un hélicoptère et va survoler le beau bâtiment qu'il a conçu avec l'architecte chamoniard Christophe de Laage, auteur des premières esquisses de l'ovoïde. Hervé Dessimoz est fier des photos qu'il a prises en février, le refuge était beau au milieu de tout ce blanc.

Il pilote – « ma petite entorse au développement durable », dit-il. Ça l'a aidé pour les essais en soufflerie, et surtout pour négocier le coût de la minute de rotation. Six minutes pour monter 550 kilos de charge utile à 3 835 mètres, deux minutes pour redescendre. Le chantier du refuge du Goûter a duré cinq mois, étalés sur trois ans. L'*Écureuil B3* de l'as Pascal Brun a effectué 3 350 rotations. L'été dernier, le maire de Saint-Gervais, soucieux de préserver l'environnement, a refusé au ministre des Sports de se faire héliporter au refuge pour l'inauguration. L'architecte a « mal vécu » ce duel. Il préférerait qu'on retienne son message : « Si l'on est capable de construire un bâtiment énergiquement autonome à 3 835 mètres d'altitude, il n'y a plus aucune raison de ne pas le faire en ville ».

Il voudrait aussi une belle inauguration, pour tous les compagnons qui ont travaillé sur le chantier dans des conditions très difficiles : « Ils n'ont jamais pu savourer ce qui a été accompli. Aucun d'entre eux n'a gagné d'argent sur ce chantier. Ils ont fait ça pour la mémoire de leurs pères et la fierté de leurs petits-enfants. »

*

La lumière meurt doucement sur les glaces de l'aiguille de Bionnassay. La vallée de Sallanches, 3 000 mètres plus bas, est déjà dans l'ombre. Le mont Blanc est invisible. Dans le réfectoire du refuge ovni, on entend toutes les langues de la terre, c'est paisible. Babel babille.

TABLE DES MATIÈRES

Achevé d'imprimer par Ermes Graphics
à Turin (Italie) en mai 2014
Dépôt légal : juin 2014
ISBN : 978-2-35221-099-3